Paul BOUJU

Quarante mois
à l'Hôtel de Ville

ÉDITIONS EUGÈNE FIGUIÈRE

17, Rue Campagne-Première, 17

PARIS - XIV

MCMXXX

Quarante mois à l'Hôtel de Ville

Paul BOUJU

Quarante mois
à l'Hôtel de Ville

Eugène FIGUIERE, éditeur
17, rue Campagne-Première
PARIS

1930

AVANT L'HOTEL DE VILLE

ALBI

Distribution des Prix
au Lycée de Garçons
et au Collège de jeunes filles

(13 *Juillet* 1913)

Je dois un double remerciement à **M.** le Recteur puisque sa bienveillance me vaut l'honneur de présider en ce moment deux cérémonies réunies en une seule, ce qui, rassurez-vous, ne m'incitera pas à doubler la longueur de mon discours.

Je serais plutôt tenté de le supprimer pour vous laisser sous l'impression des belles et fortes paroles que vous venez d'entendre ; mais puisque l'usage veut que je parle à mon tour, quoi de plus naturel que de philosopher avec vous sur le caractère inédit — au moins à Albi — mais infiniment gracieux de notre fête d'aujourd'hui. Il fut un temps où cette innovation eût

paru une grande hardiesse ; la Tradition
— avec un grand T, — notre tournure d'esprit, et ce goût très français de la logique
poussée jusqu'à ses dernières conséquences, tout ayant contribué à nous constituer
une pédagogie à cloison étanche.

Ce rapprochement que M¹¹ᵉ la Directrice
du Collège et M. le Proviseur ont réalisé
pour un jour, sous le regard des mamans
et des papas, un homme l'avait déjà tenté
littérairement, il y a un siècle et demi :
il est vrai que cet homme n'en était pas à
compter ses coups d'audace ; ce novateur
ingénu et intrépide qui fut si fort à la mode
l'an dernier où l'on commémora son
deuxième centenaire, c'est le père ou le
grand-père du Romantisme, c'est le Prome-
neur Solitaire, le Citoyen de Genève, Jean-
Jacques Rousseau. Après avoir, pendant
trois volumes, initié son Emile à la vertu et
à la menuiserie — Jean-Jacques, répétant
la parole célèbre « il n'est pas bon que
l'homme soit seul » ne veut pas laisser son
héros célibataire et le voilà reparti, mais
pour un seule volume, Mesdemoiselles, ap-
pliquant son système à la formation intellectuelle de Sophie, la future compagne
d'Emile ; et c'est pourquoi l'édition princeps, dont se montrent à bon droit si fiers
les bibliophiles qui ont la joie de la posséder, comporte un tome IV en tête duquel

l'éditeur a eu la malice, pour ne pas dire l'impertinence de placer — au frontispice d'un traité de l'éducation des jeunes filles ! — une gravure, d'ailleurs charmante, représentant la magicienne Circé.

Si les libraires avaient quelque galanterie, le fameux traité s'appellerait donc non pas Emile tout court, mais Emile et Sophie, et ce titre géminé aurait l'air, n'est-il pas vrai, d'annoncer quelque pimpant opéra-comique de Grétry ou de Dalayrac. Le merveilleux styliste ne s'est-il pas chargé lui-même, sans recourir cette fois à son clavecin, de composer en phrases mélodieuses et pures la musique de sa gracieuse idylle. Il y a dans ce dernier livre d'Emile quelques-unes des pages les plus célèbres de notre auteur : celle par exemple qu'on trouve dans toutes les anthologies sur le charme des voyages à pied, et, détail digne peut-être de remarque, il semble qu'inspiré par un sujet séduisant et rarement traité jusqu'à lui, cet homme, qui fut si souvent éloquent et si rarement spirituel, a su dans cette partie de son ouvrage renouveler en quelque sorte sa manière et tracer de main de maître des tableaux d'un genre très différent du sien. Je ne puis, car il est un peu long, vous citer le portrait de la parfaite maîtresse de maison — qu'on dirait vraiment peint par La Bruyère. Mais je ne résiste pas à la tentation de lire, pour vous surtout, Mesdemoiselles, la charmante page que voici ; la petite classe s'y reconnaîtra en souriant et les grandes en goûteront déjà la fine ironie : « Voyez une petite fille passer « la journée autour de sa poupée, lui chan- « ger sans cesse d'ajustement, chercher « continuellement de nouvelles combinai- « sons d'ornements bien ou mal assortis, il « n'importe; les doigts manquent d'adresse, « le goût n'est pas formé ; mais déjà le « penchant se montre. Mais, direz-vous, « elle pare sa poupée et non sa personne. « Sans doute, elle voit sa poupée et ne se « voit pas, elle n'est rien encore, elle est « toute dans sa poupée, elle y met toute sa « coquetterie. Elle ne l'y laissera pas tou- « jours, elle attend le moment d'être sa « poupée elle-même. »

Je vous laisse à penser comment dans le reste de l'ouvrage, le vertueux citoyen de Genève traite les femmes qui sont et res- tent hélas ! des poupées.

Ai-je besoin d'ajouter que l'auteur du dis- cours sur l'origine de l'Inégalité ne préco- nise nulle part des cérémonies solennelles comme celle qui nous réunit ; mais en fa- veur de cette institution vénérable on peut invoquer l'autorité d'un autre éducateur illustre, celle de Fénelon. Le chapitre V de son traité de l'Education des filles se ter-

mine par ces lignes qui sont vraiment de
circonstance : « On peut aussi récompenser
« les enfants par des jeux innocents et mê-
« lés de quelque industrie, par des prome-
« nades où la conversation ne soit pas sans
« fruit, par de petits présents qui seront
« des espèces de prix, comme des tableaux
« ou des estampes, ou des médailles ou des
« cartes de géographie ou des livres dorés. »
Les livres que nous allons vous remettre
ont sans doute moins de dorure que n'en
prévoyait Fénelon ; sur ce point — comme
sur quelques autres — notre pédagogie dif-
fère de celle du précepteur du duc de Bour-
gogne. Je ne crois pas qu'il soit puéril de
noter la simplicité relative des livres de prix
d'aujourd'hui. Ces volumes que vous allez
emporter, ce ne sont point d'orgueilleux
trophées destinés à éblouir par l'or et la
pourpre de leur reliure les bonnes gens de
votre quartier et à dormir, après cette minute flatteuse, d'un paisible sommeil sur
vos lauriers universitaires, dans la bibliothèque familiale. Ce sont de bons compagnons que nous vous donnons pour vos vacances d'abord — et peut-être pour toute
votre vie — si leur « conversation » vous
plaît. Songez, mes chers enfants, que nous
vous offrons les plus illustres interlocuteurs que l'on puisse rêver. A cette heure,
dans tous les lycées et collèges de France,

dans un décor plus ou moins grandiose —
car tous les lycées n'ont pas une salle de
fêtes comme la vôtre — se déroule avec le
cérémonial traditionnel, le même spectacle
vraiment symbolique.

Il y a d'une part, tous ou presque tous
les chefs-d'œuvre de l'esprit humain : les
poètes, les philosophes, les voyageurs illustres, les magiciens de la littérature, ils sont
tous là groupés comme dans le tableau de
Monsieur Ingres, l'apothéose d'Homère. En
face de tout ce glorieux passé c'est tout
l'avenir que vous représentez, ou du moins
que vous symbolisez, mes chers enfants ;
car s'il est vrai que les hommes d'Etat portent dans les flancs de leur maroquin, comme autrefois l'ambassadeur de Rome dans
les plis de sa toge, un inconnu mystérieux
et peut-être terrible, ne peut-on pas dire
aussi que chaque écolier porte dans le sac
où il renferme ses cahiers et ses livres une
parcelle de l'avenir du Pays ?

Quand nous lèverons cette séance, on
verra s'en aller ensemble par la ville Pascal
avec un philosophe imberbe, Racine avec
un rimeur clandestin peut-être, Madame de
Sévigné, un peu scandalisée, je pense, aux
mains d'une collectionneuse de cartes postales. Et dans leur paradis littéraire, mais
sans doute un peu monotone, tous ces glorieux ancêtres doivent se sentir tout réjouis

par ce regain de popularité qui leur vaut toute une promotion de juvéniles lecteurs. Ne dédaignez pas non plus les demi-gloires; faites-leur l'aumône du souvenir qui a inspiré à Richepin ces vers délicieux :

« Et je lui rends un peu de cette heure bénie
Où lui-même et son temps croyaient à son génie. »

Ce n'est pas seulement dans les livres que vous vous instruirez. Chaque épisode de votre vie peut devenir matière à réflexions salutaires. Aujourd'hui par exemple, quelques-uns d'entre vous recevront des prix décernés par l'Association des anciens élèves, et cela vous sera un témoignage de la solidarité des générations ; vous sentirez la douceur de cette tradition qui fait déjà de vous les jeunes camarades de ces anciens qui récompensent les meilleurs de leurs cadets, et à la joie bien légitime du succès, se joindra pour les lauréats, la fierté de se voir couronnés — au moins métaphoriquement — par le Président de l'Association, dont la vie est une longue leçon de vertu civique, de fidélité aux principes, de désintéressement et de simplicité républicaine.

Le spectacle de la vie intense des peuples modernes est fécond en enseignements incessants : la rumeur venant jusqu'à vous des choses qui passionnent le pays, les échos des débats des assemblées inclinent déjà vos esprits, mûris plus vite par l'expérience collective, vers de graves pensées, vous font méditer sur de rudes et nobles devoirs. Ce n'est pas seulement en face du bronze de Lapérouse que vous pourrez rêver de ténacité héroïque, car vous pourrez avoir l'honneur de saluer, et bien bas, au hasard d'une promenade celui qu'un poète, qui est de la maison, appelait ici-même en de beaux vers :

« Le survivant pensif des sièges mémorables,
Le vétéran chenu dont les pas véritables
Font depuis quarante ans palpiter les drapeaux. »

Et si, après cette rencontre, vous pouvez relire dans le texte le fragment du discours pour la couronne que vous citait tout à l'heure votre maître dans son admirable péroraison empreinte du plus pur patriotisme, je vous en ferai bien mon compliment. Même si vous ne le lisez pas couramment en grec, nous vous pardonnerons de grand cœur si vous le pensez sincèrement en bon français.

Je ne dois pas oublier que mon auditoire comprend une majorité de très jeunes enfants et que c'est aujourd'hui que s'ouvre la période rêvée des vacances. Je vous souhaite à tous un repos mérité dans lequel vous reprendrez une ardeur nouvelle pour venir « vieillis » d'une année compléter au

Lycée ou au Collège l'œuvre commencée, qui doit faire de vous des êtres robustes, des esprits libres et droits, des Françaises vaillantes, des citoyens fraternels comme les attendent de vous la République et la Patrie.

SAINT-BRIEUC

DISTRIBUTION DES PRIX AU LYCÉE

(12 *Juillet* 1917)

Je me garderai d'affaiblir par un commentaire les paroles que vous venez d'entendre ; j'aime mieux redire, et la graver
ainsi plus profondément dans vos esprits,
une de ces phrases que vous écoutiez tout
à l'heure avec recueillement : « Il nous
« était doux de voir la vie transformer peu
« à peu leurs traits et marquer d'une virile
« empreinte leurs jeunes visages, ces visa-
« ges aimés que nous ne reverrons plus ! »
Quelle tendresse contenue dans ces mots
simples, profonds et harmonieux ! Comme
on trouve là, analysé de façon délicate, le
lien qui maintient entre le professeur et ses
élèves une sorte de paternité spirituelle !
Dans vos cœurs, Messieurs, a retenti chacun des deuils qui ont éprouvé si cruelle-

ment les familles dont vous partagiez la douleur, dont vous pouvez à bon droit partager la fierté, car c'est à la fois au foyer familial et à cet autre foyer de vie intellectuelle et morale que doit être toute maison d'éducation, que s'étaient formées les vertus qui font le citoyen, le soldat et le héros.

Messieurs, quand on applique, comme nous le faisons en ce moment, son âme tout entière à cette pieuse commémoration, on a l'impression que ce serait presqu'une infidélité à nos grands morts que de diriger ensuite sa pensée vers d'autres objets. Mais, n'est-ce pas continuer à penser à eux que de méditer sur le but de leur sublime sacrifice, de constater les résultats déjà acquis, de saluer les présages de victoire, et d'envisager l'avenir qu'elle promet à la France et à l'Humanité.

Ce palais, dont on vous montrait la silhouette mélancolique s'estompant dans les brumes de la Hollande, il ne restera pas indéfiniment muet et désert. Le hasard m'a fait rencontrer à l'automne de 1914, mobilisé dans un régiment d'Albi, l'ouvrier d'art qui avait forgé la grille de cet édifice qui, dans de généreux rêves, a pu nous apparaître prématurément comme un palais magique, mais qu'il ne faudrait pas aujourd'hui, par un excès contraire, dédaigner ou maudire comme un vain et décevant mi-

rage. Cet ouvrier, que ses camarades appelaient, avec cette gaieté persistante qui est
un des ressorts de notre énergie, le « Forgeron de la Paix », cet ouvrier, je vous l'affirme, ne mettait pas moins d'ardeur à ma-
nier le fer des armes qu'il n'en pouvait
mettre autrefois à ciseler des rameaux d'olivier symboliques. Que d'anciens pacifistes,
éclairés par des lueurs tragiques, ont en-
trevu des horizons qu'ils ne soupçonnaient
pas ! S'il en était dont l'esprit pût rester
encore en suspens, l'événement prodigieux
qui vient de s'accomplir a dû illuminer à
leurs yeux la route de l'avenir. Tout semblait *a priori* devoir maintenir les Etats-
Unis d'Amérique hors de la bataille : leur
situation géographique, leur doctrine séculaire, la composition même de leur peuple;
et les voici qui, avec un enthousiasme ré-
fléchi, avec une décision inexorable, apportent aux Alliés leur aide immédiate, innom-
brable, décisive. Notre pensée est encore
remplie de l'écho de tant de voix éloquentes qui ont salué cette journée splendide du
4 juillet ; mais, de tout ce qui fut dit à
cette occasion, rien ne dépasse, comme intensité d'expression, cette formule brève et
lumineuse d'un des maîtres de la pensée
française ; Bergson a dit simplement :
« Nous avions, jusqu'à présent, la certitude
« morale de vaincre. L'intervention améri-

« caine nous en apporte la certitude ma-
« thématique. »

Peut-être est-il plus prochain que nous
n'osons l'espérer, le jour où se rouvriront,
dans le rayonnement de la Victoire, les portes du palais mystérieux. Et peut-être là
commencera à s'organiser cette Société des
Nations qui ne ferait d'ailleurs qu'y retrouver son berceau. Car, si le message historique du Président Wilson a donné à cette
formule saisissante, « La Société des Nations », un retentissement qui en fait comme un mot d'ordre de l'Humanité en marche, il nous sera bien permis de rappeler
que cette alliance si heureuse de mots figure, pour la première fois, dans un discours
prononcé le 5 juin 1908, par M. Léon Bourgeois, à l'Ecole des Sciences politiques de
la rue Saint-Guillaume, à Paris, à l'occasion
du compte rendu de la seconde conférence
de La Haye. Dans le cadre où nous sommes,
il est particulièrement agréable de préciser
cette date de l'histoire des grandes idées et
de rappeler que ce point lumineux vers lequel s'orientent les peuples libres a été si-
gnalé, pour la première fois, par l'un des
hommes que l'Université aime et respecte
le plus, et qui est, avec Ferry, de tous les
ministres de la République, celui qui a le
plus longtemps présidé aux destinées de
l'Alma Mater.

Je ne crois pas avoir manqué aux nécessités de l'heure présente en m'étant ainsi permis de porter vos regards des douleurs et des devoirs d'aujourd'hui vers les espérances de demain. La condition essentielle de leur réalisation, c'est la Victoire, la Victoire complète, implacable ; — la condition de leur durée, ce sera le maintien de l'union entre les démocraties de l'Ancien et du Nouveau-Monde. L'évocation — à laquelle je m'abandonnais peut-être trop complaisammet tout à l'heure — suscite dans ma pensée, par une antithèse bien naturelle, une autre image enveloppée dans un souvenir classique. Rappelez-vous, Messieurs, au VIIe livre de *l'Enéide,* le tableau saisissant du vieux roi Latinus, harcelé par son peuple, sommé d'ouvrir les portes, les tristes portes du temple de la guerre. Paternellement, il résiste, il refuse d'y porter la main et, se dérobant à cet odieux office, se réfugie dans l'ombre de son palais. Alors, la déesse qui symbolise l'orgueil et la haine intervient et, de sa main criminelle, renverse violemment les portes, qui tardaient à s'ouvrir. Si ce langage ne paraissait trop archaïque, on serait tenté d'ajouter que nous avons vu, ailleurs que dans un vieux poème, des forces de haine et d'orgueil, qui semblent sortir vraiment des profondeurs infernales et qui, complices des appels forcenés d'un peuple de proie, ont déchaîné sur le monde les calamités d'une guerre atroce.

Mais, quand la Justice aura fait son œuvre vengeresse, l'Humanité ne voudra plus connaître de telles horreurs, et les Chefs qu'elle se choisira partout sauront à jamais faire bonne garde et maintenir radieuse, sereine, immuable, la Paix, qui aura été si chèrement et si glorieusement conquise.

ANGERS

L'Armistice

(17 *novembre* 1918)

Le 14 juillet dernier nous nous réunissions dans cette même salle pour affirmer notre foi dans la victoire.

Le lendemain commençait le dernier acte du grand drame qui, sous nos yeux extasiés, se termine en apothéose.

Et dans l'immensité des résultats acquis en si peu de temps, au milieu de l'effondrement des trônes et des puissances qui se qualifiaient volontiers de colossales et qui le furent en effet longtemps, notre imagination s'arrête avec complaisance à certains détails symboliques tels que la coïncidence de l'arrivée de parlementaires qui implorent l'armistice le jour de la reprise de Sedan, ou encore le laconisme superbe du dernier communiqué dorant d'un rayon suprême le beau nom flamboyant de Rocroi.

Un tel tourbillon d'événements magnifiques, un tel éblouissement de gloire auraient pu griser un peuple que l'on dit sujet aux entraînements. La semaine qui vient de s'écouler atteste au contraire dans tous les milieux un sens parfait de la mesure, une haute conception de la dignité nationale, sentiments qui ont trouvé leur expression si noble dans l'ordre du jour du général Pétain. Heureux le pays où un chef victorieux sait tenir un pareil langage, vérifiant une fois de plus ce que Jaurès disait de la France : « Jamais sous une plus forte armure ne battit un cœur plus doux. »

La France a su trouver aux heures décisives, par le libre jeu de ses institutions, les grands serviteurs dont elle avait besoin. Elle a confié sa première magistrature à un Lorrain tenace un an avant l'époque où le destin allait lui imposer la grande œuvre de la revanche ; aux jours angoissants de la Marne elle a tressailli en entendant la consigne sévère de Joffre, puis, à l'abri de sa victoire et s'armant d'une longue patience, elle a attendu que l'immense effort d'organisation demandé au pays tout entier donnât son plein rendement, pendant que, s'organisant à leur tour, l'Italie et la grande République américaine venaient se joindre à nos Alliés de la première heure, la Serbie la première victime, l'héroïque Belgique et la loyale Angleterre, nous apportant à la fois, force morale incalculable, les grands souvenirs de Rome, terre classique du Droit, et les vastes conceptions du penseur qui dans la Maison Blanche rêve d'une humanité régénérée.

Puis, quand le faisceau formidable fut bien complet, les mains puissantes et géniales de Clémenceau et de Foch le saisirent et en assénèrent de tels coups à l'hydre aux quatre têtes qu'en quarante jours ils en firent tomber quatre armistices. Spectacle prodigieux que le Parlement, fidèle interprète du sentiment de la Nation, a glorifié par un solennel hommage, sans précédent dans les fastes de notre histoire.

Maintenant l'œuvre est accomplie et nous, les témoins émerveillés de ces grandes choses, nous ne nous lassons pas de proclamer notre gratitude pour ceux qui les ont faites :

Pour ceux que nous célébrions le 1er novembre et dont nous garderons pieusement la mémoire ;

Pour ceux qui ont fait à la Patrie l'offrande de ces êtres chers, qui les pleurent silencieusement en ces jours de triomphe ; pour toutes ces douleurs dont notre gloire est faite ;

Pour nos Alliés dans l'âme de qui la Victoire ne fera que fortifier la fraternité scellée dans les jours d'épreuve ;

Pour vous, chefs à l'âme si haute, pour qui les subordonnés sont bien, suivant notre expression française « les hommes » et non pas, suivant la formule barbare de l'ennemi, du matériel humain ;

Pour vous, soldats admirables, dont nulle expression ne saurait louer l'endurance et l'abnégation ; pour vous surtout, blessés glorieux, notre grande fierté et notre constante douleur ;

Pour vous enfin, Mesdames, qui avez acquitté envers ces braves un peu de la dette de la Patrie et qui, par un labeur si rude et si nouveau pour vous, avez prouvé que le pays est aussi uni qu'il est héroïque.

Ce tableau moral que nous traçons ainsi de la France nous savons qu'il pourrait s'appliquer à ses nobles Alliés, car le même idéal engendre les mêmes vertus.

Unissons donc dans un même hommage les nations victorieuses et acclamons-les tour à tour, en commençant par cette « miraculée » dont la résurrection évoque les souvenirs légendaires ; à la Pologne longtemps martyre et aujourd'hui triomphante; à cette autre martyre, la Serbie, aujourd'hui bien vengée, à son Roi stoïque, l'ancien combattant de 70 ; à la Grèce retrouvée ; au Roi Albert et à la Reine Elisabeth-dont le monde entier suit avec un respect presque religieux la marche triomphale vers

Bruxelles ; au Roi George, loyal exécuteur des grands desseins de son père toujours fidèle à la France ; au Roi Victor-Emmanuel, brave comme un paladin et grave comme un philosophe ; au Président Wilson, dont la parole à certaines heures fit pencher la balance du destin ; au Président de la République Française Poincaré le Lorrain qui bientôt entrera dans Metz et dans Strasbourg.

CLERMONT-FERRAND

DISTRIBUTION DES PRIX
DU
LYCÉE BLAISE-PASCAL

(13 *juillet* 1920)

En suivant tout à l'heure par la pensée l'itinéraire que vous nous traciez, Monsieur, à travers les rues de Clermont, nous sentions s'affermir en nous l'admiration que nous ressentions déjà pour un pays qui a inscrit au Livre d'Or de la Patrie tant de noms glorieux ; mais, en écoutant avec recueillement cette liste majestueuse qui est comme la première page d'un palmarès rétrospectif, je songeais avec quelque mélancolie que vous aviez, à dessein évidemment — car un compagnon de route comme vous, on ne se fatiguerait jamais — vous aviez omis de mentionner ces célébrités périmées ou clandestines pour qui la plaque bleue semble n'être plus qu'un modeste accessit.

C'est ainsi que vous ne nous avez point fait passer par la rue Banier, qui commémore le traducteur jadis fameux des *Métamorphoses* d'Ovide ; il est vrai que vous semblez peu goûter ce genre littéraire, mais je vous soupçonne en cela d'une délicate flatterie pour votre héros : les mânes de l'abbé Delille auront tressailli d'aise en entendant citer tant de vers de lui dont aucun ne doit rien à Virgile, pas même les vers à la Limagne où l'on ne retrouve pas grand chose de la magnifique invocation des *Géorgiques*

Salve magna parens frugum

qui se serait cependant si bien appliquée à notre « terre promise ! »

Cette bouffée d'orgueil posthume, qu'aux Champs Elyséens tout fleuris d'asphodèles, Delille aura peut-être ressentie, croyez-vous qu'elle lui porterait bonheur ? Ne le séparez pas trop de celui à qui il doit sa vraie gloire. Dans l'imagination des hommes, le fantôme radieux de Virgile apparaît rarement isolé. Les peintres nous montrent volontiers sa blanche silhouette escortée par le camail écarlate du tragique exilé de Florence; laissez-nous, dans le silence rêveur des bibliothèques, évoquer auprès de lui le petit collet du professeur au collège de la Marche ; c'est un compagnon plus modeste et qui doit s'estimer très heureux de voir son nom associé à celui de tels « confrères ».

Vous vous êtes abstenu également, Monsieur, de vous engager dans la rue Thomas. Elle vous a semblé peut-être un peu sombre et l'immortel dont le nom la décore paraît assez bien enterré. Quel erreur ! Il en est peu qui soient aussi fréquemment cités que lui. Des fragments, très courts à la vérité, de son ode sur le Temps sont dans toutes les anthologies, des millions de voix les répètent depuis plus d'un siècle... sans jamais lui en faire honneur, car cet hémistiche célèbre :

> O temps, suspends ton vol
> . . . .

cette image splendide « L'Océan des âges », et ce vers grandiose :

> Je parcours tous les points de l'immense étendue

M. de Lamartine les a distraitement empruntés au pauvre Thomas pour les insérer, par une réminiscence qui n'enlève rien à sa gloire, dans *Le Lac* et dans *L'Isolement*.

Si je me suis ainsi un peu attardé au coin de ces deux rues, dans la promenade à laquelle vous nous aviez conviés, ce n'est pas pour me montrer meilleur Clermontois que vous. C'est d'abord parce qu'il est doux de réaliser ce que dit un grand poète, d'anciens poètes peu chanceux. Je ne résiste pas au plaisir de vous rappeler ces jolis vers de Richepin :

Parfois c'est un auteur aboli que je tiens,
Et je songe : « ses vers, ainsi qu'à toi les tiens,
« Lui furent doux, alors qu'il se sentait en veine.
« Ah ! si ta gloire était, comme est sa gloire, vaine !
« Si ton œuvre dans l'ombre aussi s'engloutissait !
« Il se crut immortel. On ne sait plus qui c'est. »
Et me voilà pour lui pris d'une pitié tendre,
Comme s'il était là, ravi de les entendre,
Je dis ses vers tout haut, de ma plus belle voix,
J'en fais sonner l'or, tel qu'il sonnait autrefois,
Et je lui rends un peu de cette heure bénie
Où lui-même et son temps croyaient à son génie.

Mais, si vous me permettez d'aller jusqu'au bout de mon idée, je vous avouerai, mes jeunes amis, que j'ai voulu incliner vos pensées vers cette réflexion, que la moyenne de l'humanité peut et doit se consoler de ne pas aspirer à ces consécrations éclatantes, et quelques fois, au bout d'un certain temps, si vaines. Au surplus, les plus grandes actions humaines ne sont-elles pas souvent collectives et anonymes et n'entendons-nous pas fréquemment les chefs les plus illustres, qui nous ont donné la Victoire, se plaire à répéter avec une simplicité magnifique que leur gloire, à eux, est au moins égalée par celle de ce héros incomparable, **le simple soldat français.**

Il n'est point donné à l'immense majorité d'entre nous de

Voltiger, nom ailé, sur les bouches des hommes

Vous avez reconnu ce vers traduit de Virgile, non par Delille, mais simplement par Hugo.

Mais tous, nous avons le devoir de donner le maximum de notre effort dans le cadre que les circonstances, conditionnées toujours, et parfois dominées par notre énergie, offriront à notre activité. Peut-être jugera-t-on cette formule et ce programme bien modestes ; des juges sévères, car vous apprendrez que ce n'est pas seulement dans les lycées qu'il y a des censeurs, seront tentés de trouver que je transpose en mineur le : « *Macte nova virtute, puer !* », qui est le leitmotiv classique des discours de distribution de prix. Si j'ai manqué sur ce point à la poétique du genre, je m'abriterai derrière l'autorité de Pascal dont je livre à vos réflexions cette pensée qui prouve que le bon sens peut s'allier au génie : « Ce que peut la vertu d'un homme ne doit pas se mesurer par ses efforts, mais par ce qu'il fait d'ordinaire. » Pourrais-je mieux terminer ce vagabondage à travers les rues de Clermont qu'en prenant congé de vous, en face de la figure douloureuse et méditative comme on le disait tout à l'heure, de votre illustre compatriote, — heureux si je puis inciter quelques-uns d'entre vous pour vérifier la citation, à feuilleter ce prodigieux bréviaire des *Pensées*, et confus d'avoir personnellement apporté si peu de chose à un tel auditoire dont une partie a le droit d'être sévère, tandis que l'autre partie est absoute d'avance si elle se montre sans pitié.

NANTES

Obsèques du Bâtonnier Busson-Billault
sénateur de la Loire-Inférieure

Après les grandes voix qui viennent de retracer la carrière du Bâtonnier et du Sénateur, je voudrais apporter simplement ici l'écho attristé du « pays », de ce petit coin provincial auquel ce travailleur infatigable aimait à consacrer ses rares instants de loisirs.

M. Busson-Billault, en qui s'épanouissaient les fleurs les plus exquises de l'esprit parisien, gardait au pays Nantais une tendresse vivace et profonde : il évoquait avec prédilection les sites de ce pays aimé, les aspects de ce beau fleuve dont les ondes gardent le reflet de tant de gloires du passé, et il le faisait avec un charme incomparable. Lorsqu'en juillet 1910, en présence du Chef du Gouvernement, il participa comme bâtonnier à l'inauguration du monument de Waldeck-Rousseau, avec quelle bonne grâce, rappelant les débuts de l'illustre avocat à Saint-Nazaire, il se plut à souligner ce fait, source d'une légitime fierté pour la Loire-Inférieure, que cet humble barreau avait « en moins de dix années donné à la France deux présidents du Conseil ».

Rien de ce qui touchait à la petite patrie ne le laissa jamais indifférent. Ce lien affectueux se resserra étroitement le jour où M. Busson-Billault accepta de représenter la Loire-Inférieure au Sénat.

On a dit son rôle trop bref à la Haute Assemblée. Ce qui était infiniment touchant c'était de voir avec quel scrupule, excessif hélas ! car ses forces s'usèrent à ce surmenage, ce vieux maître du barreau, devenu un jeune sénateur, tenait à s'acquitter des devoirs les plus absorbants de son nouveau mandat. Ses compatriotes, si fiers d'un tel représentant, ne se lassaient pas de lui faire fête ; lui, malgré la fatigue commençante, toujours souriant et empressé, répondait à ces affectueux appels, et ce grand orateur, habitué aux auditoires les plus délicats, aux succès les plus éclatants, quittait tout pour aller dans les plus humbles villages apporter une parole séductrice dont cette race simple et fine savait bien sentir tout le prix.

L'objet fréquent de ces déplacements dominicaux était l'inauguration de Monuments aux Morts.

Les conseils d'union, de concorde qu'il prodiguait au cours de ces allocutions n'étaient point, chacun le sentait bien, une formule de style, imposée par la poétique du genre. C'était l'expression sincère et émouvante de ses sentiments les plus profonds.

Nul plus que lui n'a désiré la réconciliation nationale de tous les Français ; nul n'y a travaillé avec plus de ferveur, de persévérance, de séduction. C'est le mot auquel il faut toujours revenir quand on parle de lui. Les cœurs allaient vers lui irrésistiblement. Il se sentait aimé autant qu'admiré, et lui, qui a connu l'enivrement que donnent les triomphes de la parole ailée, il leur aurait préféré, je crois, dans le fond de son cœur, l'affection des mains tendues vers lui pendant toute sa vie et la douleur des larmes qui sont dans nos yeux en cet instant cruel.

DISTRIBUTION DES PRIX AU LYCÉE
DE JEUNES FILLES

(12 *juillet* 1924)

Mesdemoiselles,

Est-il plus intimidant de causer avec une jeune fille dans un salon ou d'en haranguer quatre cents du haut d'une estrade ? Voilà un petit problème de psychologie qui, à l'Hôtel de Rambouillet, dans la Chambre bleue d'Arthénice, aurait fourni à Voiture ou à Benserade le sujet de bien galantes dissertations.

En faisant appel à des souvenirs dont quelques-uns, hélas ! remontent déjà trop loin, je pourrais trouver des éléments d'appréciation sur la première donnée du problème ; mais, en ce moment, je suis tenté de déclarer que c'est la seconde hypothèse qui présente le plus de péril.

C'est un rôle ingrat pour un pauvre homme, même en toilette de cérémonie, de pré-

tendre retenir l'attention, pendant près d'un
quart d'heure, de tout un cercle féminin et
de parler tout seul devant tant de gracieuses auditrices qui, dans l'ordinaire de la
vie, ne se font guère faute d'interrompre
leur meilleure amie avant la fin de la première phrase, tant leur esprit mobile et primesautier est impatient de changer le sujet
de la conversation. Ajoutez à cela que ces
auditrices s'échelonnent depuis un âge très
inférieur à celui du petit Chaperon Rouge
jusqu'à l'âge de Juliette, et même au delà;
d'où le double risque pour le malheureux
orateur, suivant le ton qu'il adoptera, de
faire sourire de pitié les « grandes » ou de
provoquer chez les petits Chaperons Rouges
un baillement discret et vite réprimé, tant
les belles manières sont ici pratiquées dès
l'âge le plus tendre. Eh bien ! s'il faut op-
ter, c'est encore au sourire que je m'expo-
serai le plus volontiers. Car, même s'il est
un peu dédaigneux, il sera charmant tout
de même ; et puis, je m'excuserai auprès
des nombreuses Latinistes qui m'écoutent,
en invoquant le proverbe qu'elles connaissent bien et que je traduirai un peu libre-
ment pour la circonstance : « Réservons
notre plus grand salut aux plus petits enfants. »

Une innovation heureusement réalisée au
cours de la dernière année scolaire dans no-

tre Lycée, sous une direction habile, dont nous saluons avec joie les succès grandissants, suffirait à justifier cette préférence ou cette révérence. Depuis quelques mois, les enfants, garçons et filles, sont admis ici, depuis l'âge de trois ans, dans une classe spéciale qui n'est ni une classe enfantine, ni même une école maternelle, à qui notre terminologie officielle ne savait trop quel nom donner et qu'on a baptisée de ce nom charmant : « Le Jardin d'Enfants ». J'avais applaudi à cette idée, inspirée de l'œuvre d'une grande éducatrice italienne, Mme Montessori, l'auteur de ce livre précieux : « La casa dei Bambini », écho mélodieux venu d'au delà des Alpes au premier livre de vers de mon cher ami, le grand poète Fernand Gregh : « La Maison de l'Enfance ». Ce titre de notre nouvelle classe m'avait séduit; mais, dois-je l'avouer, j'avais quelqu'inquiétude. Depuis Port-Royal, un jardin pédagogique éveille l'idée de quelque chose d'un peu artificiel, presque de rébarbatif. Je suis donc venu un peu méfiant ; mais, dès la première minute, j'ai été rassuré : l'une des apprenties jardinières, qui m'a paru avoir à peine l'âge réglementaire, vint gentiment à moi en me tendant une fleur qu'elle avait cueillie spontanément : je l'embrassai de bon cœur, et pas pour l'amour du grec; c'était bien une vraie fleur, il y avait donc un vrai jardin, et l'ombre du bon Lancelot n'a rien à voir ici.

Au cours de cette trop rapide visite, on m'a expliqué comment on s'y prend pour cultiver ce jardin — ce jardin si candide. — C'est presque l'école buissonnière organisée, ou mieux, c'est une Thélème à l'échelle de Lilliput : « Fais ce que vouldras ». Le programme consiste à n'en pas avoir. On ne demande rien à ces heureux écoliers en herbe, rien que d'offrir de toutes parts leur jeune âme à la vie, à cet âge heureux où, comme l'a dit un poète : « ils n'ont qu'à vivre heureux pour n'être point ingrats ». S'ils n'étudient guère, ils sont un sujet d'étude passionnant. Rien de plus instructif que de guetter l'éveil de la pensée dans ces regards ingénus, de noter les moyens d'expression qu'ils inventent, le crayon à la main ; car à l'inverse des Champs-Elysées, où la sculpture fait jardin à part, on pourrait dire qu'un « salon » est annexé à notre Jardin. Il faut voir ce que devient un conte d'Andersen, traduit en images par une jeune illustratice de trois ans et demi. L'une de ces audacieuses interprètes a daigné pour moi commenter ses « intentions », et devant ces dessins schématiques et ces gloses balbutiantes, je trouvais comme un écho inattendu aux réflexions et menus propos proférés par des personnages qui peuvent être

à la fois illustres par leur œuvre et obscurs
par leur langage, dans la pénombre de certains ateliers symbolistes.

Voilà un bien grand mot lâché à propos
de bien petits personnages. En le prononçant, je n'y mêle aucune ironie, car le symbole dont on a peut-être abusé parfois,
n'en reste pas moins le mode instinctif de
transposition spirituelle et le plus sûr coup
d'aile vers l'idéal.

Je voudrais justement que ce jardin par
où vous pénétrerez désormais au Lycée fut
un heureux présage et parfumât à tout jamais votre vie, scolaire d'abord, mondaine
par la suite. Après les jeux enfantins et leur
notation naïve, je voudrais que tout le savoir humain, si broussailleux et si découra-
geant au premier abord, se fît accessible et
bientôt amical. L'arbre de la science, habilement et prudemment greffé, ne réserve pas
de fruits amers à ceux qui savent les laisser
mûrir et ne les cueillent qu'à la juste sai-
son. Notre trésor littéraire français, plus riche que celui d'aucun peuple, vous apparaî-
tra comme un splendide jardin où, votre vie
entière, vous aurez la joie de perpétuelles
découvertes, sans risquer de vous y perdre
jamais. Voyez ces luxuriantes frondaisons
de notre Renaissance et redites-vous le vers
mystérieux et profond :

J'aime assez les jardins qui sentent le sauvage

Après ces courses échevelées à travers Ronsard, qui doit être un peu étourdi des chants séculaires qui montent vers lui de tous côtés; après un hommage à notre du Bellay, goûtez un repos réparateur dans les belles allées symétriques d'un parc de Le Nôtre, au murmure un peu assoupissant des grandes eaux de Versailles et de nobles alexandrins classiques. A l'heure de la récréation, je vous autorise à rêver un instant à l'ombre du Saule de Musset, mais ne vous y attardez pas trop. Je préférerais vous voir méditer noblement avec M. de Lamartine et relire par exemple (c'est un peu long, mais vous m'en remercierez) « la Vigne et la Maison », cet hymne admirable où la tendresse fraternelle et le culte du souvenir aboutissent à cette évocation si poignante et si douce du logis familial :

Quand la maison vibrait comme un grand cœur de
[pierre
De tous ces cœurs joyeux qui battaient sous ses
[toits.

Et j'aimerais aussi que, dans des jours d'enthousiasme, vous poussiez le courage jusqu'à braver les sourires des sceptiques en admirant ce chêne des Etats-Unis d'Europe que, dans sa noble candeur — déjà — Victor Hugo plantait dans la terre d'exil le 14 juillet 1870 et que son illusion généreuse décrivait magnifiquement :

Un grand chêne qui puise avec son tronc noueux
De la nuit dans la terre et qui force cette ombre
A s'épanouir dans les cieux.

Notre tour de jardin nous a entraînés bien loin assurément de notre humble point de départ.

Il est grand temps que je me retourne vers mes jeunes amies des petites classes pour les prier de m'excuser, sous prétexte de leur décrire je ne sais plus trop quel jardin, d'avoir tant tardé à leur donner la clef des champs.

ROUEN

Distribution des Prix
du Lycée Corneille

(12 *juillet* 1925)

Puisque le mot « réforme » sonne toujours agréablement à des oreilles françaises et puisque l'épithète « unique » est en ce moment en grande faveur, oserai-je me risquer, moi qui dois cette présidence à la délégation flatteuse du Grand Maître de l'Université, à suggérer à mon tour une modeste réforme : celle du discours unique.

Vous y gagneriez de rester sous l'impression des pages charmantes que vous venez d'entendre; et j'échapperais enfin à la redoutable épreuve subie pour la n^{me} fois.

Songez, mes jeunes amis, vous qui éprouvez peut-être quelque mauvaise humeur à la perspective de deux années consécutives, où vous guette le baccalauréat, songez à ce que représente de discours, sur combien

d'estrades, une carrière plus que trentenaire
déroulée dans quatorze départements. Telles sont les pensées un peu frivoles que j'allais méditant, en suivant nonchalamment
notre voie sacrée — c'est la rue du Gros-
Horloge que je veux dire — et tandis que
l'aiguille — l'aiguille unique, me narguait
en me rappelant que l'heure du discours
approchait tout de même à vive allure, je
soupirais mélancoliquement devant la fontaine, qui me parut tarie, sous un Alphée,
hélas bien délabré :

Extremum hunc Arethusa mihi concede laborem

Puisque nous voici déjà cheminant de
compagnie à travers notre grand musée lapidaire, comme il serait tentant de continuer la promenade commencée avec votre
distingué professeur ! D'une main savante,
il a soulevé un coin du voile que les années
tissent lentement autour des choses du
passé, et la magie de son style a fait revivre
sous vos yeux la splendeur des visites royales. Je ne vous convierai, moi, qu'à une non-
chalante flânerie, puisque vous êtes déjà
presque en vacances. Nous nous détourne-
rions, comme des touristes blasés, des
chefs-d'œuvre consacrés par l'admiration
universelle, mais nous nous attarderions,
au gré de notre fantaisie, par exemple devant le logis de Caradas qui, vu sous un cer-

tain profil, semble un grand vaisseau qui tangue éperdûment, que dis-je un vaisseau, un galion, car les Caradas étaient évidemment d'origine espagnole.

Et, si le jour baissant ne nous permettait plus de distinguer çà et là de magnifiques portails de chêne sculpté, fréquemment surmontés d'une tête d'Hercule que coiffe le muffle du lion de Némée (car les descendants des anciens Vikings trouvaient, non sans raison, que ce symbole de la force veillait utilement sur leurs logis somptueux et délicats), peut-être pourrions-nous prolonger notre rêverie crépusculaire dans une de ces rues, où l'on aperçoit, d'un côté une flèche de pierre, et, à l'autre extrémité, le mât d'un navire amarré le long de nos quais — et des deux nefs que cette double vision évoque, laquelle entraîne le plus loin notre imagination, vers les splendeurs nostalgiques du passé, ou vers l'immensité des horizons de l' « Invitation au voyage » ?

Enfin, quand la nuit serait tout à fait venue, de grandes ombres surgiraient, viendraient, sinon nous parler, — car la prosopopée, comme la pénultième, est morte — mais glisser devant notre esprit et s'y insinuer doucement.

Qu'on ne parle point ici « d'ombres errantes », suivant la terminologie un peu désuète des poètes pseudo-classiques. **Nos**

ombres illustres sont toutes bien logées. Elles ont même maison de ville et maison des
champs. Le pauvre grand Corneille a deux
concierges pour lui tout seul. Petit-Cou-
ronne semble toujours attendre que M.
l'Avocat-Général à la Table de marbre,
vienne s'y reposer entre une audience et une
répétition; et, bien que le premier étage de
sa maison de Rouen soit en fort mauvais
état, cela ne l'empêche pas de recevoir, puisque tout récemment Corneille offrait l'hospitalité à un autre Normand, d'humeur peu
timide, mais qui a dû se sentir grandement
honoré, tout connétable qu'il fût, d'être pendant une quinzaine l'hôte de celui que Napoléon aurait voulu pouvoir faire Prince.

Barbey d'Aurevilly eut sans doute froncé
sa terrible moustache si son billet de logement posthume l'eut dirigé vers les deux
autres sanctuaires littéraires que la piété
rouennaise a consacrés à Flaubert.

Le hautain gentilhomme pauvre de St-
Sauveur-le-Vicomte eût peut-être trouvé
une joie amère à tâter d'une chambre d'hô-
pital, si confortable que l'aient faite de généreux donateurs. Mais si le destin eut voulu que la rencontre de ces deux fantômes
irrités eut lieu au pavillon de Croisset,
quelle explication véhémente ! et comme
l'allée célèbre eût mieux que jamais mérité

le nom que l'épigraphie de notre pauvre ami
Le Roy lui a scrupuleusement conservé.

Mais non ! Je suis sûr que ces deux
amants farouches de la métaphore, après
quelques truculences verbales se seraient
réconciliés. Ils auraient médité sur le symbole qui plaça une fabrique de papier à
côté du laboratoire littéraire où tant de pages immortelles furent enfantées presque
dans la douleur.

Malgré tant de boutades périmées contre
le progrès, ils auraient senti la rude et forte
poésie (bien faite pour retenir l'âme de Ver-
haeren), de ce labeur immense qui, en face
de nos cents clochers légendaires — et sur
l'autre rive, heureusement ! — a dressé en
plus grand nombre peut-être de hautes che-
minées, colonnes inesthétiques, hélas ! du
temple toujours inachevé de la Science,
mais signes évidents d'une prospérité admirable et enviée.

Et le fleuve illustre dans les eaux duquel
se confondent les panneaux de ce diptyque,
dont le murmure s'harmonise à la fois au
chant des cloches et au cri des sirènes, ce
beau fleuve, à Rouen, comme à Paris, s'at-
tarde, hésite, revient tant qu'il peut sur ses
pas, comme l'a dit Santeuil, dans des disti-
ques charmants que notre Corneille n'a pas
dédaigné de traduire en pompeux alexandrins :

Captus amore loci cursum obliviscitur, anceps
Quo fluat, et dulces nectit in Urbe moras.

Ce qui, Mesdames, mais j'oublie que vous savez le latin mieux que nous, ce qui, dans le langage des fleuves est une bien galante façon de dire qu'on est très fier de prolonger, tant qu'on le peut, son séjour dans votre Cité magnifique.

———

A L'HOTEL DE VILLE

OUVERTURE DE LA SESSION DU CONSEIL MUNICIPAL

(21 *Novembre* 1925)

Depuis la minute inoubliable où M. le Ministre de l'Intérieur m'apprit avec une bonne grâce qui ajouta encore à la joie profonde d'une telle surprise que le Gouvernement de la République, à qui doit aller tout d'abord l'expression de ma respectueuse gratitude, venait de me nommer Préfet de la Seine, les journées ont passé pour moi rapides, légères et pleines cependant d'un labeur allègre que stimulait la ferveur d'une initiation compliquée.

Elle a été grandement facilitée par la bienveillance que j'ai sentie chez tous ceux des membres de l'Assemblée avec qui j'ai pu me rencontrer au cours de ces quelques semaines. Ces dispositions encourageantes viennent de trouver une expression particulièrement gracieuse dans les paroles qu'ont prononcées votre vénéré doyen et M. le Président du Conseil municipal.

Qu'il est doux d'être accueilli ainsi, au cœur de cet Hôtel de Ville, évocateur de si grands souvenirs et, dans cette séance inaugurale, de respirer cette fleur de courtoisie française, d'admirer la grâce légère, l'exquise finesse de l'esprit parisien. Par une attention infiniment délicate, vous avez exhumé, Monsieur le Président, d'un herbier fort ancien des fleurettes fanées qu'un sous-préfet, peu surmené alors, cueillit indolement au cours des premières étapes de la route sinueuse qui devait le conduire au poste magnifique et redoutable qu'il occupe aujourd'hui. J'ai bien besoin d'avoir constamment présentes à l'esprit les fortes traditions créées par mes éminents prédécesseurs, de songer à l'effort courageux auquel vous a conviés dans le domaine financier mon prédécesseur immédiat ; j'ai bien besoin de me sentir réconforté par le voisinage et les conseils de mon ancien chef, mon cher collègue et ami, M. Morain, et par la présence autour de moi de cette pléiade de collaborateurs d'élite, de tout ce personnel si digne de votre sollicitude, tant de fois affirmée par vos actes, et qui tous, à tous les degrés de la hiérarchie, apportent à la Ville le trésor d'une vaste expérience, d'un labeur opiniâtre et d'un très haut sentiment du devoir. Leur empressement que je crois pouvoir qualifier déjà d'amical commence à me rassurer un peu.

L'objet splendide de notre œuvre commune ne suffirait-il pas à inspirer un ardent désir de n'être point trop inégal à cette tâche immense ?

Quand j'écoute chanter dans ma mémoire quelques-uns des poèmes qui à travers les âges ont célébré notre Paris, j'ai une prédilection, je l'avoue, pour le plus humble de tous, pour le couplet fameux du temps du roi Henry; mais je transpose le vers qui enchantait Alceste.

C'est moi qui me suis donné à Paris, la Grand'Ville, qui me donne à lui tout entier de toute mon âme, qui veux lui consacrer mes forces, mes rêves, mes actes, ma pensée, fier de contempler humblement un tel patrimoine de gloires séculaires magnifiées encore et comme sanctifiées au cours des dernières épreuves de la Patrie — jaloux de sa beauté sur laquelle nous veillerons ensemble — soucieux de concilier le respect pieux d'un passé si noble avec les nécessités pressantes, angoissantes de la vie moderne. Ce serait une grande audace d'esquisser en ce moment un programme, mais en restant dans le domaine du sentiment, comment taire la tristesse profonde que l'on éprouve au contraste poignant de tant de splendeurs et de l'anxiété de tant de familles incertaines du lendemain pour leur foyer sans cesse menacé. Combien d'autres problèmes du même ordre solliciteront les administrateurs vigilants et les hommes de cœur que vous êtes !

Cette Assemblée, fidèle image de la grande Cité, en qui se résument l'ardent patriotisme de ce peuple incomparable, ses élans généreux, sa foi dans la Démocratie, son idéalisme incorrigible, son culte passionné de l'Art, trouvera en moi un exécuteur loyal de ses décisions, un collaborateur assidu dont l'unique ambition sera de vous aider à bien servir la Ville et à faire aimer la République.

Ouverture de la session du Conseil
général

(25 *Novembre* 1925)

Messieurs,

Par deux fois dans moins d'une semaine,
j'aurai eu la douceur et la fierté d'entendre
ici des paroles qui sont pour moi un précieux encouragement à l'heure où j'assu-
me de graves devoirs.

Les souhaits de bienvenue que je viens
d'entendre me sont d'autant plus précieux,
qu'ils me sont adressés par l'homme de
grand cœur, si justement populaire, chez
qui la douleur s'est traduite par un redou-
blement de bonté et dont toute la philosophie sociale, profondément humaine, est
résumée dans cette phrase d'une inspiration
si haute, d'un accent si émouvant, qui est
le programme des œuvres innombrables pla-
cées sous l'égide de son nom respecté :

« Aimer le peuple, l'aimer profondément,
connaître ses besoins, comprendre ses dou-

leurs, pieusement se pencher sur ses infortunes, et s'efforcer inlassablement de réaliser l'égalité devant le bonheur. »

Ainsi s'exprima en un jour mémorable M.
le président Léopold Bellan.

J'ai l'honneur de me présenter aujour-
d'hui devant les représentants de tout le
Département de la Seine.

Les deux entités qui le composent sont
trop souvent dans le langage courant oppo-
sées l'une à l'autre, Paris et la banlieue...
c'est presque une clause de style.

Ce style n'est-il pas déjà périmé ?

La solidarité des intérêts des deux éléments de l'agglomération parisienne apparaît de jour en jour plus évidente et les
courageuses solutions que vous avez adop-
tées pour votre régime des transports mar-
quent avec éclat votre sentiment à cet
égard.

Le mur symbolique est tombé ; on mon-
trera plus tard aux visiteurs de la Cité,
après les vestiges de l'enceinte de Philippe
Auguste, les derniers moellons du mur de
M. Thiers.

De ces fortifications qui auront vécu
moins d'un siècle, il ne subsistera plus
qu'un mot ; pendant longtemps sans doute
les vastes édifices destinés au logement des
déshérités de la fortune dont une politique
sociale hardie et généreuse a pris l'inia-

tive, continueront à être désignés par le vieux mot de bastion.

Eh bien ! Que ce mot nous apparaisse comme un conseil et un présage. Que ces bastions modernisés soient les points stratégiques du grand combat que nous voulons livrer à l'un de nos pires ennemis : le taudis, le taudis hideux et meurtrier, épisode passionnant de la longue et rude bataille contre la routine et la misère, mais au bout de laquelle la Victoire restera sûrement à l'humanité réconciliée et fraternelle.

XXVe ANNIVERSAIRE DE LA LOI QUI A PERMIS AUX FEMMES D'EXERCER LA PROFESSION D'AVOCAT

1er *décembre* 1925

> Monsieur le Bâtonnier,
> Mesdames,
> Messieurs,

Comme tout à Paris s'arrange avec esprit !

Voilà vingt-cinq ans que cette journée se préparait et il se trouve juste à point pour vous recevoir, au seuil de cet Hôtel de Ville, l'un des vôtres que l'affectueuse sympathie de ses collègues a placé au premier rang de l'Assemblée municipale et que le suffrage de ses confrères a déjà appelé à siéger au Conseil de l'Ordre.

Après le salut éloquent de ce maître de la parole, daignez, Mesdames, agréer l'humble hommage d'un ancien stagiaire d'un barreau de province.

Je me sens rajeuni d'un tiers de siècle à

me retrouver au milieu de cette famille dont on ne se sépare jamais tout à fait, si peu de temps qu'on ait pu lui appartenir. Et cependant, le barreau n'avait point, au moment où je l'ai quitté, la grâce nouvelle que vous lui avez apportée quand la Loi — la dure Loi de l'homme, comme disait un dramaturge moraliste — s'est, je n'ose plus dire, humanisée, en vous permettant enfin de vous consacrer à une carrière à laquelle tout vous destinait.

L'œuvre de l'avocat n'est-elle point faite pour une large part, de pénétration subtile, d'interprétation ingénieuse, d'explication plausible, des situations parfois un peu déconcertantes ?

Toute cette psychologie ne s'adapte-t-elle pas aux mille ressources de l'esprit féminin et l'art d'embarrasser l'adversaire par un argument inattendu, qui donc saura plus naturellement que vous le transposer de la vie courante dans l'exercice de votre profession ?

Voilà pour le civil.

Et qui contestera que votre âme compatissante et tendre fait de vous, d'instinct, la confidente indulgente des défaillances humaines, l'inspiratrice du rachat ou du pardon ?

Vigny ne s'y trompait pas, quand il disait à Eva, dans un langage magnifique :

C'est à toi qu'il convient d'ouïr les grandes plaintes
Que l'humanité triste exhale sourdement.

Et malgré cette prédestination évidente, la Loi vous a pendant des siècles refusé l'accès de ses prétoires. Les moins perfides de vos ennemis irréconciliables se bornaient aux souvenirs du vieux fonds commun de nos fabliaux. Leur érudition facile empruntait à La Fontaine son épigramme bien émoussé :

Rien ne pèse tant qu'un secret
Le porter loin est difficile aux dames

mais il ajoutait, avec son habituelle bonhomie :

Et je sais même sur ce point
Bon nombre d'hommes qui sont femmes.

A cette époque reculée, aucun de vos adversaires, même les plus malicieux, n'aurait été tenté d'épiloguer sur ce singulier arrêté de nivose an XI qui prescrit aux gens de loi de porter les cheveux longs... mais je m'arrête, et peut-être en ai-je trop dit.

Mesdames,

Ce jour est pour vous triomphal. Vous avez le triomphe souriant. Ce n'est pas vous qui reprendrez à votre compte le mot désenchanté de Mme du Deffand : « Autrefois, quand j'étais femme ».

La virilité de votre pensée n'enlève rien à votre grâce, et je suis sûr qu'un poète

écrira quelque jour — si ce n'est déjà fait
— digne pendant au *Sonnet des deux Cortèges*, le poème des deux robes, celle du Palais et celle des Palaces. Et l'élégance de
celle-ci s'harmonisera à ravir à la gravité de
celle-là.

Notre vie de l'Hôtel de Ville nous donne
quotidiennement le spectacle de cette alliance si moderne et bien française de la
culture la plus fine et du charme exquis
et simple. En cette maison, où tant de fonctionnaires diligentes et zélées apportent au
travail administratif le concours de leur intelligente activité, je suis heureux de saluer
la brillante phalange judiciaire que la délicatesse et le tact féminins désignent si bien
pour pénétrer les mobiles des actions humaines, pour ouvrir les cœurs les plus fer-
més, pour panser les blessures morales,
pour seconder et servir la justice impar-
tiale et pitoyable.

REMISE DES PLAQUETTES COMMÉMORATIVES DU TRAIN-EXPOSITION CANADIEN DE 1923

(15 *décembre* 1925)

La Municipalité parisienne est heureuse d'ouvrir de nouveau à l'amitié franco-canadienne, ici, au cœur de la grande Cité, un foyer qui, pour nous tous, est familial. C'est pour elle un grand honneur d'accueillir de si éminents serviteurs de nos deux pays.

En adressant un salut cordial aux représentants du Gouvernement canadien, elle s'incline respectueusement devant le deuil cruel de l'Empire Britannique qui le prive de la présence toujours hautement appréciée de Son Excellence l'Ambassadeur de la Grande-Bretagne.

Dans cette demeure, tout évoque un grand passé dont vos ancêtres furent, pour une part, les artisans. Nous savons que c'est d'un cœur fraternel que vous vous associez à nos fiertés, à nos épreuves. Nous sentons que vous suivez d'un regard attentif les

vicissitudes qui peuvent parfois marquer la
navigation de notre nef héraldique dont la
devise courageuse doit plaire à vos cœurs
intrépides ; et nous, de notre côté, nous ne
saurions oublier en un tel jour que la devise de Québec tient dans ces mots simples,
profonds et tendres : « Je me souviens ».
Eh bien ! Messieurs, souvenons-nous ensemble ! Est-il une joie plus grande pour
des parents qui se retrouvent ?

Ah ! Quelle longue causerie serait la nôtre si nous entreprenions tous de décrire
les images que, dès notre enfance, faisaient
surgir dans nos esprits les syllabes mystérieuses et attirantes du nom de votre beau
pays ! Ceux d'entre nous qui ont un peu
vécu de la vie maritime ont été hantés par
les récits légendaires des navigateurs qui
gardent la vision de vos lacs et de vos montagnes. A chacune de leurs relâches sur
notre littoral, vos marins peuvent trouver
un témoignage de notre parenté séculaire.

Monseigneur l'Archevêque de Rouen,
dont je fus si peu de temps le voisin, a,
tout près de son palais, une inscription qui
commémore la naissance du hardi marin
normand Cavelier de la Salle. J'ai fréquemment salué avec émotion, dans le décor mélancolique de l'ancien port de Brouage, en
Saintonge, le monument du grand Samuel
Champlain. Et me sera-t-il permis de rap-

peler que je suis né dans un port de Bretagne, dans une rue qui porte le nom de Jacques-Cartier ?

Aux récits de l'épopée canadienne qui bercèrent nos jeunes années, à ceux de l'épopée de la grande guerre, toujours présents à nos esprits et à nos cœurs, est venue s'ajouter l'évocation si touchante de la vie patriarcale de la famille de Maria Chapdelaine.

Ainsi, toutes les muses, l'héroïque et l'élégiaque, veillent sur notre amitié ; et l'éloquence, mon cher Sénateur, lui a fait cortège dans cette randonnée prodigieuse que fut le train canadien de 1923.

Paris, habitué à tant de splendeurs, fut lui-même émerveillé de ce modernisme si ingénieux. Cette transposition en quatrième vitesse des anciens convois de prospecteurs, ce rappel de la vie nomade avec tous les raffinements de la civilisation, ce fut, pendant des semaines, le déroulement éperdu de la plus vaste antithèse qu'Hugo eût pu rêver, bien fait pour inspirer les aimables et diligents historiographes que ce train vertigineux entraînait dans son tourbillon et que nous avons plaisir à retrouver à cette dernière station d'un si beau voyage. Mais nul n'a traduit le lyrisme qui se dégageait de cette initiative si neuve avec plus d'éclat, de talent, de ferveur, que le Sénateur Beau-

bien, commentateur infatigable des grandes
et nobles pensées, dont est animé le peuple
canadien.

Dans nos paisibles villes de province, chacune des étapes de ce grand pèlerinage —
et, j'ai eu la bonne fortune d'assister à l'une
d'elles, à Nantes — nous apportait comme
un grand souffle de jeunesse, de confiance,
d'espoir. Et notre langue maternelle arri-
vait à nos oreilles avec un son plus tendre
encore, parce qu'elle nous apportait l'écho
d'un passé magnifique et aussi parce qu'elle passait par votre bouche éloquente et
qu'elle était rythmée par votre cœur fraternel.

RÉCEPTION EN L'HONNEUR DE L'INAUGURATION
DE L'INSTITUT INTERNATIONAL DE COOPÉRATION
INTELLECTUELLE

(18 *janvier* 1926)

En 1624, le Cardinal de Richelieu se trouvant dans son hôtel de la Place Royale, trop loin de « son bureau » au Louvre, acheta du Seigneur de Rambouillet l'Hôtel d'Angennes et il commença l'édification du Palais qui, dressé en face de celui du Roi, attestait à la fois la magnificence du Ministre et son vrai rôle dans l'Etat.

Les historiens nous parlent peu de l'oratoire particulier de l'Evêque de Luçon, car il n'abandonna jamais ce titre et il continua ponctuellement pendant toute sa vie ministérielle à adresser des mandements à ses diocésains, mais nous sommes abondamment renseignés sur le théâtre qu'il aménagea fastueusement, ce qui, lorsqu'on y réfléchit, n'était pas une mince audace de la part d'un prince de l'Eglise. Les frivolités, pour employer une expression honnête, dont le Palais Royal fut par la suite longtemps le centre renommé, pouvaient donc invoquer comme excuse l'espèce de relâchement dont un prélat, en qui se confondaient presque les lois divines et humaines, semblait avoir donné l'exemple.

Mais l'avenir réservait à ce Palais des lendemains plus austères. Le Conseil d'Etat en a fait, depuis cinquante ans, le sanctuaire du droit administratif, et voici qu'aujourd'hui, sur le geste d'un Ministre artiste et fécond en initiatives élégantes, la République Française offre l'hospitalité chez le Cardinal de Richelieu à l'un des organes de la Société des Nations dont l'action se meut dans la sphère la plus haute, dont l'œuvre, à la fois idéale et pratique, est dégagée, autant que cela est donné à une institution humaine, des intérêts matériels, qui, en somme, pour parler comme Vigny, se rapproche le plus possible de l'Esprit pur.

Paris a l'orgueil de croire qu'aucune Cité ne pouvait offrir à plus noble entreprise une atmosphère plus fervente, un prestige mieux établi, des ressources plus étendues et plus vivantes. Aux marques de sollicitude, que les grands corps de l'Etat ont déjà données à l'Institut International de Coopération Intellectuelle, veuillez donc joindre, Messieurs, l'hommage d'une Cité dont la pensée n'a jamais connu les frontières matérielles et qui est habituée depuis des siècles à concevoir la culture sous le signe de l'universel. Sur les flancs de notre colline inspirée, toute bruissante jadis des débats scolastiques, et qui avait accoutumé de classer ses écoliers par « nations », Paris n'avait-il pas réalisé, dans l'unité d'une pensée et d'une science périmées, l'ardente coopération que le savoir humain réclame ?

Et lorsque la rénovation du classicisme, plus tard, eut lentement imprimé dans les esprits français l'irréductible conception d'un esprit humain universel, supérieur au temps et à l'espace, susceptible de saisir partout les axiomes et les vérités premières, ne vit-on pas s'épanouir dans notre Paris devenu celui de Voltaire, de Diderot, de l'Alembert, cette république des esprits, qui eut dans toute l'Europe des citoyens et des ambassadeurs ?

Aujourd'hui que l'affection toujours plus vive d'une foule d'étrangers le dispute en fidélité à la tendresse de ses citoyens, Paris apparaît plus que jamais comme le creuset magnifique d'une âme universelle ; nous sommes fiers qu'il ait été choisi par les Nations pour aider à la réalisation d'une de leurs plus belles espérances.

Mon ignorance se gardera bien de s'aven-

turer sur le terrain de la technicité. Mais le plus humble d'entre nous devine ce que peut ajouter à la puissance créatrice de l'humanité un lien permanent établi et maintenu diligemment entre tous les éléments intellectuels de toute la terre.

Sans presque sortir du domaine du sentiment je ne puis me défendre de penser à la mélancolie de tel habitué de notre « Nationale » ou de notre « Mazarine » en songeant qu'il mourra sans doute sans avoir pu faire ses dévotions à la Bodleienne ou à l'Ambrosienne — *non licet omnibus*... Grâce à vous ces nostalgies seront moins amères et vous faciliterez par la pensée ces pèlerinages mystiques et passionnés.

Dans son discours inaugural de samedi, M. Luchaire s'attachait à préciser le caractère technique et documentaire de ce qui sera l'essentiel de votre action. Mais dans les œuvres de l'esprit, qui souffle où il veut, ce qui importe surtout c'est l'âme qui meut, qui réchauffe, qui exalte. Quand vous aurez travaillé pour l'esprit, le front courbé sur des chiffres, des statistiques, des graphiques, il vous suffira soyez-en sûr de relever la tête pour entrevoir les plus magnifiques horizons. Un indestructible réseau de correspondances spirituelles établit sur le monde, une solidarité de jour en jour plus efficace et plus goûtée, de la confiance, de l'estime, de l'amitié, une liaison de toutes les bonnes volontés...

Que de fois de tels sentiments ont été évoqués ici même dans cet Hôtel de Ville où retentirent tant de voix éloquentes où les pensées généreuses ont toujours trouvé leur écho. Mais cet hommage revêt peut-être une solennité particulière, il s'inspire d'une ferveur quasi religieuse quand devant une élite pensante du monde civilisé nous adressons un salut respectueux et fraternel à un groupe d'intellectuels qui travailleront efficacement à hâter le temps où l'humanité unanime libérée des cauchemars et des haines pourra comme en un cantique d'allégresse s'écrier avec le poète :

Ton règne est arrivé, Pur Esprit, roi du Monde.

INAUGURATION D'UNE PLAQUE COMMÉMORATIVE
SUR LA MAISON DE BRILLAT-SAVARIN

(2 février 1926)

Messieurs,

Au moment où Paris signale à l'attention souriante des promeneurs qui ont encore quelque loisir la maison où mourut, il y a juste cent ans, Brillat-Savarin, ma pensée se reporte vers le vieil hôtel provincial de la Grande-Rue de Belley où il naquit en 1755. Mais j'évoque aussi un autre édifice de ce paisible chef-lieu : le vieux collège qui, à un demi-siècle d'intervalle, forma deux élèves — dont un seul suffirait à sa gloire — et qui tous les deux donnèrent à leur ouvrage le plus célèbre, ce nom un peu pompeux mais noble et musical de « Méditations ».

Les trente méditations sur la gastronomie d'Anthelme Brillat-Savarin suivirent de cinq ans en librairie les vingt-six méditations poétiques qu'Alphonse de Lamartine avait publiées le 13 mars 1820.

Les pieux éducateurs du collège de Belley pouvaient sans commettre le péché d'orgueil mettre une bien jolie page de garde en tête du palmarès de leur distribution de prix. Ils pouvaient se flatter, spécialement en ce qui concerne notre héros de ce jour, d'avoir fait de lui un latiniste accompli, témoin la phrase bien connue qui a fixé « dans une langue qui ne change plus » la définition et l'usage de cette mirifique découverte des « éprouvettes gastronomiques »... « *et nisi facies ejus ac oculi vertantur ad extasim notetur ut indignus...* »

Ce parfait humaniste n'aurait point été rebelle, semble-t-il, aux innovations de notre pédagogie : « Je connais plus ou moins bien, nous dit-il dans sa préface, cinq langues vivantes ». Il est vrai que pour ces études de philologie comparée, les rudes leçons de l'exil avaient dû ajouter beaucoup à celles de la congrégation des chanoines réguliers de Saint-Antoine, professeurs du collège de Belley.

Ce séjour forcé à l'étranger et particulièrement le contact avec les Anglo-Saxons a influé visiblement sur la tournure d'esprit de Brillat-Savarin. Il y a en lui de l'humour. Le sourire narquois que l'on devine sur son visage rasé de près de magistrat ancien régime, lorsqu'il parle en style académique des réalités culinaires les plus précises, ce sourire ne rappelle-t-il pas un peu celui de Sterne ?

Mais ce qui est bien de chez nous, c'est le nombre, la cadence, le rythme de la phrase. Quel finale que celui de la Méditation XIII, « je vis se succéder, tour à tour, sur toutes les physionomies, le feu du désir, l'extase de la jouissance, le repos parfait de la béatitude ». Que cela est savoureux, substantiel, onctueux comme la « fondue » que les vicaires généraux de Belley firent servir à leur évêque le jour de son intronisation et, qu'au grand scandale de ses diocésains, le prélat mangea avec une cuillère.

Et dans l'élégie historique sur les « Privations » quelle évocation lyrique, où, comme dans la spirale d'un pantoum, le poète (nous sommes loin des pauvretés rimées de Berchoux) oppose dans chaque stance aux rudesses de la vie antique ou médiévale, les raffinements gastronomiques de l'époque prédestinée pour lui de la Restauration.

Chaque page de Brillat-Savarin évoque cette période confortable, indolente et douillette, où après tant de vicissitudes se complaisait l'ancien constituant qui devait mourir d'un refroidissement pris en assistant, le 21 janvier — après s'être un peu fait tirer l'oreille par le Premier Président de Sèze — à la messe commémorative dans la Basilique de Saint-Denis.

Souhaitons que la vue de cette plaque inspire aux passants qui ne seront point trop affairés le désir de relire, en rentrant chez eux, la XIVᵉ méditation : elle contient le récit d'une journée si bien remplie, qui se déroula précisément dans cette maison, dans l'appartement où s'acheva la vie de cet homme d'esprit qui, à deux pas de la Comédie-Française et de la Bibliothèque, en face du sourire enigmatique du buste de sa jolie cousine, Mme Récamier, écrivit si parfaitement notre langue et mérita ainsi le souvenir de tous les gens de goût et l'hommage discret mais fidèle que Paris lui décerne aujourd'hui.

EXPOSITION DU TRICENTENAIRE
DE MME DE SÉVIGNÉ AU MUSÉE CARNAVALET

(15 *mars* 1926)

Monsieur le Président de la République,

C'est toujours un très grand honneur que
de parler au nom de Paris ; je le ressens
plus vivement encore en ce jour où il m'est
donné de vous accueillir dans cette partie
du domaine municipal où se concentrent
tant de souvenirs de la gloire et de l'élégance françaises. Au seuil de cet hôtel vous
avez pu saluer une statue commémorant
une visite amicale faite par Louis ̃XIV à
l'Hôtel de Ville le 14 juillet 1689.

Ces visites du Roi à ses fidèles magistrats
municipaux étaient toujours de grands événements : les poètes les célébraient sur le
mode lyrique : Santeuil à propos de l'une
d'elles disait dans des vers charmants, que
l'ombre de Mme de Sévigné — digne élève

du grand humaniste Ménage — se réjouira d'entendre citer dans le texte original :

Se regem oblitus Rex prope civis erat

Ce qu'un contemporain traduisait élégamment :

« La Cité semblait Reine et le Roi Citoyen. »

Le rapprochement inattendu des deux derniers mots appliqués à Louis XIV nous apparaît, n'est-il pas vrai, comme une étrange anticipation : ce vers exprime avec force à la fois l'orgueil municipal et la gratitude qu'ont toujours inspirée aux représentants de Paris les visites augustes qu'ils ont le privilège de recevoir.

Vous venez aujourd'hui, Monsieur le Président, évoquer cette période de notre histoire et vous associer au prélude du concert de louanges qui, pendant plusieurs semaines, va monter vers Mme de Sévigné de ce beau logis qu'anima autrefois sa grâce si vivante et où son culte est entretenu par la pieuse érudition de nos zélés conservateurs. Les organisateurs des fêtes du tricentenaire ont eu l'idée gracieuse de demander à des femmes de lettres de célébrer à tour de rôle dans quatre conférences la gloire de celle qui est en quelque sorte leur souriante aïeule. Tant que le monument rêvé par un édile qui est aussi un poète restera dans le **domaine du rêve, nous pourrons du moins** nous dire que, par cette exposition, la Ville de Paris aura élevé à la Marquise de Sévigné un beau monument idéal autour duquel, comme dans une grande composition classique auront veillé quatre muses françaises : Mme Marcelle Tinayre, Mme Gérard d'Houville, Mme Delarue-Mardrus, Mme Rosemonde Gérard.

A ce quatuor magnifique et inspiré, le président Guillaumin vient de donner le la par un discours magistral. Je me garderai bien de faire à mon tour un portrait de notre héroïne; et que pourrai-je ajouter à l'hommage si bien rendu, au nom de Paris, à celle qui l'aimait d'un tel amour qu'au milieu de la campagne la plus riante, elle avait parfois, elle aussi, la nostalgie du ruiseau de la rue du Bac. Paris, qui rend bien leur amour à ceux qui l'aiment, n'a point oublié la divine marquise quand il a, pour décorer les façades de son Hôtel de Ville, fait une révision de nos gloires nationales; la statue qu'il lui a dédiée orne précisément la partie de l'édifice où se trouve le beau cabinet où le Préfet de la Seine essaye de prouver sa sollicitude pour Paris en s'occupant, à son tour, du ruisseau de la rue du Bac et de quelques autres questions édilitaires. En d'autres temps, on aurait osé dire que l'on a placé là cette image comme celle d'une Egérie ; mais, quand je la contemple, j'évoque un autre plus lointain souvenir : dans l'église de Saint-Martin-de-Ré, un marbre tumulaire rappelle que là est enterré le baron de Rabutin Chantal, père de Mme de Sévigné, tué dans l'île de Ré, en 1627, au cours d'un combat contre les Anglais. Et, dans mon enfance, j'ai souvent épelé les lettres de cette inscription. Je dois donc à Mme de Sévigné mes premières impressions épigraphiques et, dans ce jour de commémoration, n'est-il pas naturel d'évoquer cette mort héroïque qui prédestinait la marquise à se ranger d'instinct du côté cornélien ?

Mais c'est trop retarder l'objet de notre visite et le plaisir que vous aurez à contempler au passage les images précieuses rassemblées pour quelques semaines et à écouter les doctes commentaires de M. Robiquet. Et quand ces trésors auront été dispersés, chaque pièce reprenant place dans le Musée, ou la collection particulière qui a bien voulu s'en dessaisir momentanément, il nous restera la joie d'avoir assisté comme à un Congrès d'ombres illustres, charmantes, spirituelles. Le grand portrait où Mme de Sévigné nous apparaît dans une si belle robe, réintégrera le château des Rochers d'où il nous a fait la grâce de sortir pour la première fois à notre intention; et en s'en allant, **la grande voyageuse remportera le né-**

cessaire de toilette qui nous fait pénétrer dans l'intimité de ses élégances ; le portrait si émouvant de Fouquet s'en ira à regret, triste de quitter celle qui le défendit si courageusement au temps de la disgrâce; l'abbé de Coulanges, le « Bien-Bon », lui aussi s'éloignera en soupirant de l'appartement où il avait si vite repris ses habitudes.

De toutes ces splendeurs, nous garderons un souvenir très précis : de fastueuses gravures nous les conserveront en partie et la plus petite écolière pourra s'associer à notre hommage grâce à d'humbles cartes postales dont il ne faut pas médire, puisque c'est à notre époque trépidante un dernier lambeau de style épistolaire — et puisque, après tout, nos Françaises ont tant d'esprit que sur un carton griffonné au crayon dans une gare, elles trouvent parfois le moyen de transposer quelque chose du style primesautier des longues lettres qui, aux Rochers, coulèrent si aisément de la belle écritoire devant laquelle nous aurons tout à l'heure une minute de recueillement.

Obsèques de M. H. Juillard,
ancien préfet de la Seine,
Ministre de France au Luxembourg.

(26 *mars* 1926)

J'apporte à la mémoire d'Hippolyte Juillard le salut respectueux de la grande famille administrative dont il fut le chef éminent et l'hommage de la profonde douleur que cause à ma vieille amitié sa fin si émouvante.

Il y plus de quarante ans, sur les bancs du modeste collège communal de Rochefort-sur-Mer, dans deux classes voisines, deux très jeunes gens recevaient ensemble les leçons de vieux maîtres de notre chère Université. La vie les sépara, puis les rapprocha de nouveau. Le destin les investit successivement des mêmes magistratures et c'est le survivant qui vient apporter au camarade si vite disparu un adieu fraternel et infiniment attristé.

Secrétaire général à 25 ans en Loir-et-Cher, puis dans l'Yonne, sous-préfet d'Issoire, de Saint-Yrieix, de Fontainebleau, Hippolyte Juillard s'initia dans le calme de la province à la vie politique et administrative, développa par l'étude et la méditation ces solides qualités que nous admirions en lui et quand il devint préfet de la Corse, de la Nièvre, de l'Ille-et-Vilaine, il s'imposa de suite à tous, se classant au premier rang de notre carrière.

Un esprit attentif et pénétrant, une claire intelligence, une expérience avertie, une parole simple, élégante, vigoureuse, tout en lui concourait à renforcer dès le premier abord l'autorité de sa fonction.

Sévère pour lui-même, il avait le droit d'exiger que l'on tentât autour de lui de se conformer à la forte discipline dont toute sa vie fut un exemple.

Il ajoutait aux dons de l'esprit ceux, plus rares, du cœur et du caractère et, sous sa rude franchise, dissimulait une délicatesse, une sûreté de sentiments, une bonté qui forçaient l'amitié.

Dans son discours inaugural, à l'Hôtel de Ville, il disait aux élus de Paris et de la Seine, avec une modestie fière, que son ambition était de conquérir leur sympathie et que sa certitude était de toujours mériter leur estime.

Les honneurs solennels que lui ont décerné les deux grandes Assemblées, qui furent les témoins de son labeur et les juges de ses hautes vertus, proclament éloquemment à quel degré il a su réaliser ce noble programme.

Quel déchirement, pour les siens, que cette fin tragique, après une longue et douloureuse maladie qui, sans trève, le harcelait ! Quelle détresse pour la femme admirable qui fut la compagne de ses succès et de ses peines, pour ses enfants qui furent la joie de sa vie, dont le dernier né jouait innocemment sur le lit de son père au moment même où il exhala le dernier soupir !

Mais aussi, quelle fierté d'avoir été les soutiens d'un tel homme qui, par son seul mérite, accéda aux plus hautes charges de l'Etat et, exemple sans doute unique, fut appelé successivement, en pleine force de l'âge et du talent, au redoutable honneur d'administrer Strasbourg et l'Alsace retrouvées, Versailles et l'Ile-de-France, Paris enfin, où il donna toute sa mesure, se sacrifiant jusqu'aux extrêmes limites de ses forces, et où sa mémoire sera pieusement gardée comme celle d'un des grands serviteurs du pays !

Au lendemain des magnifiques funérailles que lui fit le pays ami où il représentait si dignement la République, la Ville de Paris a voulu recueillir sa dépouille mortelle et consacrer ainsi, par un suprême hommage, son souvenir et sa gratitude.

Qu'il repose en paix sous le ciel harmonieux de la Cité qu'il a loyalement servie et dont la pensée lui restera fidèle !

RÉCEPTION DES MEMBRES DU CONGRÈS DE L'ALLIANCE INTERNATIONALE DE L'HOTELLERIE

(20 *avril* 1926)

Paris est habitué à beaucoup d'hommages; celui qu'il reçoit aujourd'hui est peut-être l'un des plus significatifs.

Vous qui, dans le monde entier, recueillez les impressions d'innombrables voyageurs, vous avez fréquemment, j'en suis sûr, provoqué avec prédilection les récits de ceux qui vous apportaient des nouvelles de notre grande Cité.

Si bien qu'à force d'en entendre décrire les beautés et le charme, l'envie vous est venue de venir juger par vous-mêmes. Et voilà pourquoi nous voyons depuis trois jours circuler à travers la ville, dans des véhicules vastes comme des paquebots, des cohortes serrées de voyageurs très avertis, perspicaces, habiles à deviner, prompts à se faire une opinion personnelle.

Ah ! Messieurs, combien nous avons intérêt à ce que cette opinion soit favorable ;
car, si votre visite est peut-être la consé-
quence de vos conversations avec vos hôtes
de passage, combien d'autres visites seront
provoquées sans doute par les récits que
vous pourrez faire de votre trop courte étape parmi nous.

Dites donc à vos futurs auditeurs ce
qu'est le pays que vous venez de traverser :
montrez-leur dans les gravures que vous ne
manquerez pas de rapporter quelques-uns
des échantillons des chefs-d'œuvre que des
siècles de civilisation ont accumulés sur
notre sol ; décrivez-leur la douceur de notre
climat, la variété de nos paysages. Mais
contez-leur surtout les impressions que
vous laisseront vos entretiens avec nos
compatriotes ; dites-leur que ce bon peuple
de France, s'il aime la gloire, n'en a point
la frénésie et que, loin d'avoir de la morgue,
on pourrait peut-être lui reprocher, au contraire, de prendre plaisir à se critiquer ou
du moins à se plaisanter lui-même ; que si
notre patrimoine littéraire ou artistique
peut inspirer quelque fierté, il n'est pas de
peuple plus accueillant au génie des autres
nations et que notre public a poussé souvent la coquetterie jusqu'à s'engouer de
certaines œuvres que leur lointaine origine
enveloppait peut-être d'un peu d'obscurité.

Dites bien enfin que les Français sont éminemment sociables, qu'ils aiment à être aimés ; que l'hostilité systématique leur paraît incompréhensible et que la simple froideur leur fait parfois l'effet d'une injustice.

J'espère que vous éprouverez la sincérité, j'allais dire la naïveté de ces sentiments, pendant tout votre séjour dans notre pays et que tout cela, vous le sentez mieux encore dans Paris, qui est le cœur de la France, et dans cet Hôtel de Ville qui est le cœur de Paris.

Réception du Congrès des Associations
de la Critique dramatique
et musicale

(3 *mai* 1926)

Vous constituez l'un des auditoires les plus intimidants du monde. Vous êtes un jury permanent qui doit son investiture non pas à un tirage au sort, mais à un talent éprouvé et à la confiance confirmée du public, qui juge, il est vrai, à son tour vos arrêts. Devant votre juridiction où les audiences de nuit sont la règle, comparaissent avec un tremblement qui, pour tenter de se donner un air guilleret, prend le pseudonyme de « trac », les maîtres de l'esprit et de la langue, les diseurs les plus réputés, les beautés les plus célèbres, — et tous, avec une impatience fébrile, guettent le sourire ou le froncement de sourcil qui promettent, pour le lendemain, l'épithète flatteuse ou le succès d'estime, — car nous ne voulons pas, en ce jour de fête et de fraternisation, envisager d'hypothèse plus sinistre. Comment donc affronter sans trop d'angoisse cette épreuve où il me faut, pendant quelques minutes, être à la fois auteur et acteur.

C'est déjà un symptôme rassurant de voir réunis amicalement, au cœur même de Paris qui vous aime, des représentants de ces groupes qui constituent la trinité théâtrale : auteurs, acteurs, critiques. C'est une grande faveur pour notre glorieuse Maison d'accueillir ensemble ceux qui concourent à nous donner des joies qui comptent parmi les plus délicates de l'esprit, les « mainteneurs », comme on dit aux Jeux floraux de Toulouse, qui, comme nous, se sont réunis le 3 mai, les mainteneurs d'une grande tradition, qui est l'une de nos fiertés nationales.

Mais puisque c'est aux membres de la critique que doit particulièrement s'adresser mon hommage, qu'il soit permis au provincial que je fus jusqu'à ces derniers temps de saluer en eux de véritables bienfaiteurs. Songez, Messieurs, à ce que représentent vos chroniques pour des milliers et des milliers de braves gens à qui de rares voyages à Paris ne permettent qu'un contact intermittent avec les manifestations de certaines formes de l'Art dramatique, amateurs fanatiques de théâtre, dont les « tournées », dont il ne faut pas médire, aiguisent l'appétit sans le satisfaire pleinement. Grâce à vous, ils participent de loin à cette vie fiévreuse et grisante de nos théâtres et en attendant que les progrès du téléphone fassent pour la moyenne des Français ou les Français moyens une réalité du titre délicieusement chimérique de Musset « un spectacle dans un fauteuil », c'est chez vous, Messieurs les Critiques, que ces auditeurs nostalgiques, transposés en lecteurs passionnés, iront chercher la bienfaisante illusion qui maintient en eux le goût de la poésie et de l'idéal.

Si l'on vous lit, je crois, avec plus de recueillement en province, l'impatience de vos lecteurs parisiens vous flatte peut-être davantage. Le critique, c'est l'homme d'esprit que l'on rencontre le lendemain du jour où l'on est allé au théâtre et avec qui l'on prolonge le plaisir que l'on a éprouvé à la représentation. Quand Margot a pleuré la veille au mélodrame, elle se précipite sur son journal pour avoir des détails biographiques sur *Les deux Orphelines*. Mais que parlé-je de la veille ou du lendemain ? La hâte d'information est telle que c'est le matin de la première que paraissent les comptes rendus et grâce aux couturières, nous gagnerons peut-être encore un peu d'avance.

La fébrilité fut en tout temps inhérente aux choses du théâtre. J'ai eu entre les mains un document qui en est une preuve émouvante. Un des maître de la critique contemporaine, l'historien fervent de Berlioz, me montrait un jour — joyau de sa bibliothèque — une mince plaquette reliée à miracle. Ce précieux reliquaire contient le manuscrit d'un feuilleton de Théophile Gautier. La première page a le format normal, la seconde est coupée par moitié et de feuillet en feuillet, la hauteur du papier se rétrécit au point de ne plus comporter que de minces bandes ne contenant plus que quatre ou cinq lignes.

On devine, on voit le pauvre Gautier écrivant la nuit, au journal, harcelé par l'imprimeur lui rappelant que c'est l'heure où l'on va « rouler » et livrant bribe à bribe cette copie hâtive, sans que cependant rien n'altère le rythme de la phrase, ni l'élégante netteté de l'écriture, dignes en tout point de l'Impeccable.

Mais comme on comprend que, condamné à un pareil labeur le poète ait un jour soupiré les strophes célèbres :

> Mes colonnes sont alignées
> Au portique du feuilleton ;
> Elles supportent, résignées,
> Du journal le pesant fronton.
>
> Jusqu'à lundi je suis mon maître...

Je n'achève pas ; vous savez tous par cœur ce poème professionnel.

Messieurs, puisque l'honneur, que je ressens très vivement, m'est dévolu de vous apporter à mon tour le salut cordial et respectueux de Paris, je ne pouvais pas, je le crois, placer mon hommage sous une invocation plus haute que celle du grand ancêtre que votre confrérie peut, à bon droit, revendiquer comme un de ses plus glorieux patrons.

INAUGURATION DU SALON GEORGE SAND, AU MUSÉE CARNAVALET

(7 *mai* 1926)

Il y a quelques semaines, quatre Muses françaises ont bien voulu apporter leur précieux concours aux fêtes du tricentenaire de Mme de Sévigné. Quel dommage que deux d'entre elles ne consentent pas à reprendre aujourd'hui la parole ! Qu'il serait piquant d'imaginer le dialogue de la bonne dame de Nohant venant rendre visite à la divine Marquise en sa Carnavalette.

Ces deux femmes d'esprit auraient sympathisé, j'en suis sûr. Rien que le nom familier de ce beau logis sous lequel semble se jouer en sourdine un « pizzicato » de Paganini, n'a-t-il pas comme un vague écho vénitien bien fait pour enchanter la voyageuse de 1833 ?

Evidemment, plus d'un détail aurait pu surprendre la grande dame qui, si peu guindée qu'elle fût personnellement, appartenait à un siècle où tout le monde était naturellement cérémonieux. Elle qui ne pouvait se promener dans les allées du parc des Rochers qu'en robes à paniers, qu'eût-elle pensé de cette jeune femme dont Delacroix a fixé sous l'habit masculin l'image ravissante — vision fugitive, mais qui illumine pour quelques semaines cette salle, nouvelle chapelle consacrée dans ce sanctuaire parisien à l'une de nos gloires françaises.

Mais le premier effarement passé, la beauté blonde eût souri à la beauté brune et les sujets de conversation ne leur auraient pas manqué. Cela d'ailleurs s'est-il jamais vu depuis qu'il y a des femmes et qui causent ?

Si, au cours de ce dialogue d'ombres charmantes, Mme de Sévigné avait incidemment rappelé la mort glorieuse de son père, tué en juillet 1627, à l'âge de 27 ans, ans, de vingt-sept blessures — ce qui, entre parenthèses, eût pu donner matière à bien des réflexions pythagoriciennes — Aurore Dupin de Francueil n'aurait pas manqué de répondre en montrant le portrait du grand aïeul, ce pastel doublement glorieux, puisque c'est un Latour et puisqu'il représente le vainqueur de Fontenoy.

Et comme bon sang ne peut mentir, elle aurait aussi montré la miniature charmante qui représente un bien joli lieutenant de hussards, son père, vaillant compagnon de Murat et de Lasalle, tué malencontreusement d'une chute de cheval dans les pacifiques plaines du Berry.

Entre filles de militaires on se comprend tout de suite. Et entre mamans donc !

Et voilà nos deux amies, — déjà — se présentant l'une à l'autre leurs enfants.

« Voici mon fils Charles de Sévigné, un assez mauvais sujet, Madame, mais il a tant de courage et d'esprit! » Et je vous laisse à penser quelle kyrielle d'épithètes et d'anecdotes et d'exclamations laudatives quand viendrait le tour de Mme de Grignan, cette idole d'un culte épislotaire intarissable.

Aurore est moins loquace : mais ses beaux yeux noirs couvent avec tendresse le charmant Maurice, dont nous voyons ici une image juvénile d'un romantisme délicieux — et sa fille si belle et qui, au soir de sa vie, avait pris avec sa mère une ressemblance saisissante.

Quelle émotion profonde doit être la vôtre, Madame, en évoquant en ce moment tout ce glorieux passé, au milieu de ces reliques si chères dont, avec un désintéressement admirable, vous confiez la garde à la Ville de Paris. Elle accueille avec une infinie gratitude ce dépôt sacré.

RÉCEPTION DES MEMBRES DU VIIe CONGRÈS INTERNATIONAL DE LAITERIE

(18 *mai* 1926)

Messieurs,

La tradition veut qu'aux réceptions de l'Hôtel de Ville, le Président du Conseil Municipal et le Préfet de la Seine alternent leurs propos comme les bergers de Sicile dans les églogues. On pardonnera cette réminiscence le jour où les hôtes que nous avons le plaisir de saluer tour à tour évoquent tout naturellement dans nos esprits des images virgiliennes.

Mais nos Tityres et nos Ménalques ont aujourd'hui des soucis qu'ignorait le pasteur de Mantoue. Le monde agricole ne saurait s'abstraire des nécessités de la vie moderne. Il a le devoir de participer au grand mouvement scientifique qui renouvelle les méthodes, combat les routines funestes et concourt puissamment à la prospérité générale du pays. M. le Président du Conseil Municipal a marqué fortement le lien qui unit votre labeur à l'effort des pouvoirs publics dans les grandes Cités. Notre assemblée communale a la bonne fortune de compter dans ses rangs l'un des maîtres en cette matière et quand je n'étais encore qu'un riverain d'aval de la Seine, j'ai applaudi à Rouen au langage enthousiaste de M. Roéland que son apostolat infatigable avait amené en Normandie qui, au point de vue où nous nous plaçons, apparaît bien comme une Terre Promise.

Mais n'y a-t-il pas quelque imprudence dans un congrès à sembler donner des prix et des accessits, imprudence et injustice, car rien qu'en revivant certaines étapes de ma carrière, je revois les vertes prairies de la haute Ariège, les larges ondulations des montagnes d'Auvergne, les fruiteries collectives si ingénieusement combinées et administrées par les solides populations du Jura. Ah ! quelle musique délicieuse font en se combinant dans la magie du souvenir les clochettes qu'au cours de tant de promenades j'ai entendues tinter dans ces décors lointains, dont le citadin éprouve parfois la nostalgie.

Mais de tous ces pays j'éprouve quelque fierté à penser que c'est dans les provinces de l'Ouest que l'organisation de l'industrie laitière a le plus rapidement peut-être trouvé la forme la plus parfaite.

C'est pour moi une joie très vive de saluer dans le Président du Congrès un compatriote doublé d'un vieil ami. Et malgré la gravité du rôle que nous remplissons l'un et l'autre dans cette cérémonie, il me sera bien permis d'évoquer sous les lambris magnifiques de l'Hôtel de Ville le temps où nous nous rencontrions avec M. et Mme Paul Mercier sur une plage charentaise fort peu mondaine, où l'extrême simplicité des paisibles villas contrastait avec la splendeur farouche de la « Mer Sauvage ».

Ainsi ma pensée vagabonde s'est laissée entraîner partout, des sommets jusqu'à l'Océan. Je ne m'en excuse qu'à demi devant un auditoire habitué aux vastes horizons, devant des hommes dont la vie se passe à collaborer avec les forces naturelles.

Dans notre vie affairée, trépidante, vous nous donnez un exemple de calme application et cela complète le bienfait de l'aliment pur par excellence que vous nous dispensez.

Pour l'immense majorité de nos concitoyens, la première heure de la journée devait être marquée par une action de grâce à votre adresse, par un salut des plus beaux palaces aux plus humbles étables.

Ainsi s'affirme, une fois de plus, la solidarité universelle qui relie la plus fière capitale au plus petit hameau. Versailles, n'est-il pas vrai, semblerait incomplet sans Trianon.

RÉCEPTION DES MEMBRES DE LA FÉDÉRATION
HORTICOLE PROFESSIONNELLE
INTERNATIONALE

(27 *mai* 1926)

Messieurs,

Le printemps, qui fait bien toutes choses, nous invite, au temps des cerises, et dans la fine lumière des beaux jours revenus, à parler avec vous « de fruits, de fleurs, de feuilles et de branches », et voici que ces timides délégués des champs et des prairies jonchent maintenant le tapis vert de délibérations internationales.

La Ville de Paris ne saurait mieux saluer le renouveau qu'en offrant ses souhaits de bienvenue au Congrès international de l'horticulture, à la tête duquel j'ai un plaisir particulier à saluer son président infatigable, mon cher et excellent ami, le sénateur Rabier.

L'an dernier, vous avez honoré, comme de juste, la gravité souriante et plantureuse de cette Hollande, où le culte des fleurs écla-

tantes et nobles semble être comme le reflet
de la destinée paisible d'un peuple riche et
ami des longs loisirs.

Vous venez siéger aujourd'hui au cœur
de ce vieux pays de France que les caprices
de la nature se sont plu à parer de mille aspects divers. Il tient de la riche gamme de
ses sols et de ses climats des facilités infi-
nies et de savoureux privilèges. Et si le
goût de discipliner la palette brillante de
la nature y fait servir la vie des plantes et
des arbres au plus somptueux et au plus
délicat des arts, l'amour sacré de l'humble
coin de terre y célèbre obscurément tous les
jours — récompense des soirs laborieux —
les vertus embaumées de l'horticulture.

Les jardins de Versailles ne sont pas
moins intéressés à vos travaux que la fenê-
tre de Jenny l'ouvrière ou le lopin du travailleur dominical de Bagneux, et toutes ces
bonnes et belles traditions se lèvent pour
vous rendre hommage et pour vous encou-
rager.

Paris et le Département de la Seine peuvent légitimement s'associer, Messieurs, à
vos travaux et ils comptent parmi vous de
distingués représentants. C'est avec un intérêt plus qu'attentif qu'ils suivent vos efforts pour atténuer dans les échanges internationaux l'effet de prohibitions fâcheuses,
pour organiser la protection de cette véri-

table propriété artistique, qu'est la création savante d'une nuance nouvelle et rare sur les pétales d'une fleur ! Mais ce n'est point une sollicitude théorique et protocolaire que Paris vous témoigne.

La Ville a le culte des jardins. Avec non moins d'orgueil que ses Palais, elle aime à les présenter au monde civilisé et à en faire les honneurs à ses hôtes de distinction.

L'immense poème architectural auquel la colonnade du Louvre sert en quelque sorte de prologue, n'est-il pas une continuelle alternance de pierres assemblées par des hommes de génie et de verdures qui viennent se marier harmonieusement à ces beaux édifices ?

Entre les frondaisons des Tuileries et des Champs-Elysées, les deux Palais de Gabriel n'ont-ils pas plus de grâce et la noble ordonnance de l'avenue du Bois n'est-elle pas un digne complement de la majesté de l'Arc-de-Triomphe ?

C'est une métaphore courante à l'Hôtel de Ville que nos jardins sont les poumons de Paris. Nos fleurs innombrables en sont le sourire. Aussi, nous ne nous lassons pas de répéter avec orgueil que nos jardiniers diligents, formés à notre Ecole de Saint-Mandé, soignent avec amour 23 hectares de plates-bandes, de corbeilles et de massifs entourés de 65 hectares de gazon, et nous n'avons pas compté dans cette statistique nos grands bois de Boulogne et de Vincennes.

La Ville, pour satisfaire à de tels besoins, produit dans ses grandes réserves d'Auteuil près de deux millions de plantes chaque année.

Cette tradition municipale est fort ancienne. Le Comte de Rambuteau rappelle dans ses mémoires qu'à l'une des fêtes qu'il offrit au Roi Louis-Philippe, à l'occasion du mariage du Duc d'Orléans, le Salon Mauresque, aménagé pour la circonstance à l'Hôtel de Ville, était embaumé par 32.000 pots de fleurs. 2.300 bouquets, ajoute-t-il, étaient préparés pour les dames. Il était réservé à un autre grand Préfet, ami des arts, des jardins et des fleurs, à M. de Selves, de faire entrer dans le patrimoine de la Ville, par une initiative hardie — et quelques-uns de ceux qui l'ont assisté dans ce grand acte administratif en gardent un souvenir dont ils ont le droit d'être fiers — ce bijou de Bagatelle, au nom charmant, évocateur des élégances raffinées de l'ancienne France, dont le Paris moderne, et non moins galant, a fait le temple de la Fleur et où peut-être nous aurons la joie de vous recevoir quelque jour, car les Congrès aussi peuvent bien avoir leurs roses remontantes.

LA FÊTE DES MÈRES

(30 *mai* 1926)

Mesdames,

Mes chers enfants,

Renouant une tradition qui évoque le temps où la Convention entreprenait avec ferveur et rudesse de régénérer l'humanité, le Gouvernement de la République vient d'instituer la fête des Mères. Nous y apportons tous un cœur recueilli.

Certes, il n'est pas besoin d'un texte officiel pour nous convier à de telles pensées. Il faudrait plaindre sincèrement ceux dont la sensibilité attendrait un pareil stimulant. Mais ce n'est pas de nos sentiments individuels qu'il s'agit, c'est d'un hommage collectif à rendre aux Mères françaises dont on ne célébrera jamais assez les hautes vertus, aimables dans la vie courante et cornéliennes aux heures héroïques.

Chacun de nous a bien le sentiment que s'il y a quelque chose de bon en lui, c'est à sa mère surtout qu'il le doit ; et si la vie nous réserve quelque succès, c'est à elle qu'en revient le principal mérite. Même quand nos fronts grisonnent, nous gardons toujours en nous quelque chose du petit garçon qui, les jours de distribution de prix, ne se sent vraiment couronné qu'après avoir embrassé sa maman en descendant de l'estrade. Et voici que, tout naturellement, devant ce jeune auditoire, j'ai abandonné le style officiel et j'ai instinctivement employé ce diminutif si tendre — le premier mot qu'aient balbutié toutes les lèvres enfantines.

Je n'éprouve pas le besoin de m'en excuser, comme le faisait avec une candeur charmante le poète Edouard Grenier, dans un petit poème qui est certainement son chef-d'œuvre. Je ne résiste pas à la tentation de vous lire ces vingt vers, peu connus, je crois. Je me réjouirais de les révéler peut-être à quelques-uns des éducateurs qui m'entendent ; je souhaiterais contribuer ainsi à enrichir les anthologies scolaires, ce qui serait une bien belle récompense pour une allocution officielle — il est vrai que celle-ci l'est bien peu.

Voici les vers qu'Edouard Grenier a intitulés :

LE GRAND AMOUR

Que de fois j'essayai de dire
Comment et combien je l'aimais !
Mais le cœur dépasse la lyre ;
L'Infini ne s'atteint jamais.
Je cherche en vain des mots pour rendre
Ce sentiment profond et tendre
Qui fut notre vie un moment ;
Je n'en trouve qu'un seulement :
— Hélas ! peut-elle encore l'entendre
Ce mot qui dit tout, c'est Maman !
Je sais qu'en vers on doit proscrire
Ce premier cri de tous les cœurs ;
Je sais que le monde en peut rire
Et que l'empire est aux moqueurs.
Mais la nature est la plus forte ;
Ce vain monde et l'art, que m'importe !
Quand viendra mon dernier moment,
Mon pauvre cœur en s'endormant
Et ma lèvre avant d'être morte
Diront encor : Maman, Maman !

INAUGURATION DE LA NOUVELLE MAIRIE
DU VIIIᵉ ARRONDISSEMENT

(2 *juin* 1926)

Monsieur le Président de la République,

La Ville de Paris et l'Administration parisienne vous remercient d'avoir bien voulu donner à un épisode de la vie municipale l'éclat de votre présence.

La bienveillance habituelle que vous portez à leur activité se traduit par une démarche d'un caractère plus intime, à laquelle votre souriante simplicité donne un charme que nous ressentons tous très vivement.

Monsieur le Ministre de l'Intérieur,
Monsieur le Ministre de la Marine,

Vous aussi, citoyens du VIIIᵉ, vous avez eu la bonne grâce de souligner par votre présence le lien qui vous attache à cet arrondissement. Nous avons donc toutes sortes de raisons — et nous en trouverions

une de plus dans l'aimable présence du représentant d'une grande nation maritime —
pour hisser notre plus beau pavois sur la
nef héraldique de Paris en un jour où notre
fête municipale est si brillante et si complète. Puisse cette visite ne laisser au Chef
de l'Administration française, à notre bienveillant tuteur, qu'un agréable souvenir et
le confirmer dans ses sentiments de sympathie pour cette grande famille des membres
des vingt municipalités parisiennes, à qui,
saisissant avec joie l'occasion qui m'en est
offerte, j'exprime ma vive et affectueuse
gratitude.

Messieurs, il y a trente-huit ans, M. Poubelle présentait officiellement au Conseil
municipal un projet tendant au transfert
de la mairie du VIIIe. Si, comme le dit un
vers célèbre,

Le temps n'épargne pas ce qu'on a fait sans lui.

l'œuvre dont nous saluons aujourd'hui l'accomplissement se présente sous les auspices les plus favorables.

Dans ce quartier de toutes les élégances,
la Maison municipale sera désormais un
palais digne de lui.

Est-ce à dire, Messieurs, que nous ne je-
tons aujourd'hui sur le passé qu'un regard
indifférent et que rien de nous-mêmes, rien
de la vie parisienne ne demeurera attaché

à cette vieille rue d'Anjou-Saint-Honoré, qui fut pendant quatre-vingt-onze ans le témoin et le cadre de tant d'activité bienfaisante ? Nous n'aurons pas cette ingratitude.

Songez, Messieurs, que c'était jusqu'à cette heure la plus vieille mairie de Paris. En disant adieu à l'Hôtel de Contades, ce beau nom qui évoque le souvenir d'un maréchal de France, la Municipalité du VIII° arrondissement arbore son pavillon sur le bel hôtel qu'avait édifié, on vous le rappelait tout à l'heure, un grand capitaine d'industrie, M. Cail, qui, dans le plus somptueux de ses salons, avait fièrement placé sous une vitrine son livret d'ouvrier métallurgiste. D'habiles architectes, M. Hermant et M. Lebret, ont présidé aux travaux et aux constructions complémentaires que comportait ce changement d'affectation.

Dans cette entreprise délicate, ils étaient guidés par le goût si sûr du grand maire qui, pendant vingt années, présida aux destinées du VIII° arrondissement. Le docteur Maréchal s'était consacré avec passion à son œuvre administrative. Son beau volume *Un Arrondissement de Paris pendant la guerre* est à la fois un document historique de premier ordre et un grand acte de foi patriotique.

Avec quel zèle ce bon citoyen suivait les travaux d'aménagement de la nouvelle Mairie ! Il trouvait auprès de lui les conseils les plus sagaces chez les membres de la famille municipale qui reste si unie dans l'affection de son ancien chef et notamment chez M. Sansbœuf, dont la compétence en matière architecturale lui était particulièrement précieuse.

Cette place vide à notre fête mêle une nuance de mélancolie à l'éclat de cette belle journée qui inaugure brillamment la carrière du nouveau maire M. Drucker : il continuera la tradition d'élégance, de talent et de civisme de son éminent prédécesseur. L'équipe municipale — si par ce temps de sports on me permet cette métaphore familière — où la science juridique est représentée avec distinction par M. Fromageot et où les grands intérêts commerciaux auraient, s'il en était besoin, un avocat vigilant dans la personne de M. Godet, le président du Comité de direction de la Foire de Paris, vient d'être complétée par deux recrues d'élite : M. Beurdeley, qui évoque des souvenirs très chers à Paris et à la démocratie, et M. Paul Clément, avocat à la Cour d'Appel. La liaison entre la Mairie du VIIIe et le Palais de Justice sera étroitement assurée, et avec quel éclat, vous le voyez, puisque l'orateur que vous venez d'entendre, l'éloquent Président du Conseil municipal, représente le quartier du Roule et puisque la maison contiguë à l'édifice où nous sommes abrite la belle bibliothèque et les doctes méditations de M. le Bâtonnier Rousset.

Voici, Monsieur le Président, quels sont les maîtres de ce beau logis ; ils sont très fiers que le premier hôte qu'ils y auront reçu soit le premier citoyen de la République.

INAUGURATION DE L'ECOLE DÉPARTEMENTALE DE VITRY-SUR-SEINE

(5 *juin* 1926)

Nous avons la grande joie de consacrer aujourd'hui devant vous la réalisation d'une généreuse pensée, à laquelle le Conseil Général de la Seine était depuis de longues années profondément attaché.

C'est en 1906 que M. le Président Chérioux, à l'activité et à la persévérance duquel nous ne saurions ici trop rendre hommage, déposait la première proposition d'où procède l'œuvre magnifique que nous célébrons. Sa grande expérience, son esprit pratique, ont rendu une fois de plus, en cette circonstance, des services inappréciables au Département. Au nom de mes prédécesseurs et au mien, et j'ai plaisir à saluer ici M. Autrand, qui apporta à cette œuvre une sollicitude particulière, j'adresse à M. Chérioux l'expression de notre vive gratitude.

En 1914, un crédit était inscrit au budget départemental : la guerre arrêta la réalisation de ce projet bienfaisant, mais il en augmenta cruellement, hélas, en multipliant le nombre des orphelins, et la nécessité et l'urgence.

Au premier rang désormais de ces enfants que la fatalité privait des plus fermes appuis, se présentaient les fils des héros tombés pour la Patrie, envers lesquels la nation ne se sentira jamais assez de devoirs. Pour ceux-là, plus que jamais, il convenait de suppléer aux vides de familles découronnées. Aux mères vaillantes et fortes, chargées des plus lourdes responsabilités et prises par les nécessités de l'existence, cette maison vraiment familiale, confiée à la direction d'un homme de grand cœur, offre un concours qui, nous le savons, est hautement apprécié.

L'effectif de nos élèves est actuellement constitué en grande majorité par des Pupilles de la Nation. C'est une des raisons pour lesquelles les organisateurs de cette cérémonie souhaitaient que le Ministre de la Guerre voulût bien en accepter la présidence et leur hommage s'adressait non seulement au Ministre dont les mesures militaires combinées avec la politique ferme, prévoyante, humaine, pratiquée par un autre élu de la Seine, que ses devoirs tiennent éloigné de cette fête, ont mis fin à la longue obsession des angoissants problèmes marocains, — mais aussi au Ministre de la

Guerre de 1917, à qui revient le mérite impérissable d'avoir, par son sang-froid et les choix que son énergie, la connaissance des hommes, lui ont inspirés à une heure décisive, préparé au moment le plus sombre le couronnement glorieux des efforts héroïques soutenus pendant plus de quatre ans par la France et ses alliés.

Il se trouve aussi, et notre fierté en est grande, que cet Internat primaire, grâce au souvenir de cette inauguration, sera placé sous le patronage d'un savant illustre. Il est peu probable que dans votre juvénile auditoire, Monsieur le Président, il se rencontre beaucoup d'esprits qui soient capables plus tard (mais qui sait, ne sommes-nous pas au pays de d'Alembert ?) de suivre votre pensée dans les régions où elle se meut, mais tous, tant que nous sommes ici, il est un sentiment dont nous sommes pénétrés, c'est le respect de la science dont vous êtes dans le monde l'un des plus hauts représentants, et la gratitude que la démocratie doit à ceux, qui comme Condorcet, François Arago, Marcelin Berthelot, pour ne prendre que trois exemples dans les trois chants de l'épopée républicaine, ont eu le dévouement de s'arracher aux spéculations sereines où ils goûtent des voluptés spirituelles incomparables, pour appliquer leur pensée aux problèmes si souvent ingrats (dans tous les sens du mot) de la conduite des affaires humaines. Mais il ne suffit pas d'y appliquer sa pensée, il faut aussi y donner son cœur. On ne peut vraiment guider les hommes qu'à la condition de les aimer.

N'est-ce pas, mon cher Président Bellan, vous qui avez, en un jour d'inspiration, le mot n'est pas trop fort, résumé le programme de votre action sociale dans cette phrase lapidaire que les bénéficiaires innombrables des œuvres que vous avez créées connaissent bien et que je vous demande la permission, Monsieur le Président, de citer une fois de plus :

« Aimer le peuple, l'aimer profondément, connaître ses besoins, comprendre ses douleurs, pieusement se pencher sur ses infortunes et s'efforcer inlassablement de réaliser l'égalité devant le bonheur. »

On a toujours profit à entendre et à méditer de telles paroles et puisque c'est pour ces enfants que nous parlons aujourd'hui, je vais les laisser pour ma part sur cette forte impression qu'à la faveur de cette cérémonie, ils auront vu côte à côte deux des hommes qui, par l'esprit et par le cœur, honorent le plus les Assemblées où ils siègent ; et ces jeunes gens, en bons Français qu'ils sont, accessibles aux nobles sentiments, auront à cœur, j'en suis sûr, de rester toujours dignes de pareils parrainages.

RÉCEPTION A L'HOTEL DE VILLE
DES DÉLÉGUÉS AU CONGRÈS INTERNATIONAL
DES AUTEURS ET COMPOSITEURS
DRAMATIQUES

(12 *juin* 1926)

Messieurs,

Chacun, j'en suis sûr, trouvera naturel que je m'adresse, en même temps qu'aux hôtes de la Ville de Paris, à l'orateur élégant qui vient une fois de plus de faire les honneurs de ces salons magnifiques.

A la veille du jour où va s'achever son année consulaire, le Président Guillaumin aura eu dans la même journée une double joie que son âme d'artiste aura pleinement savourée. Ce matin, il a participé — et avec quel éclat — à l'inauguration du monument dédié par l'admiration des comédiens français à Sarah Bernhardt. Ce soir, il accueille à l'Hôtel de Ville le Congrès international des auteurs et compositeurs dramatiques. Vous marquerez, mon cher Président, d'une double pierre blanche cette journée qui, après un délicat hommage à la Muse, vous aura permis d'apporter ici votre salut aux poètes.

Nous nous réjouissons à la pensée d'entendre tout à l'heure celui qui est chargé de parler en leur nom ; il y a de si longues années que notre admiration fervente s'est donnée au pur poète des « Vierges », au chanteur tendre et ingénu qui, sur un livre tout blanc, a inscrit simplement, candidement, ce titre d'une jeunesse éternelle : « Poèmes d'amour ».

Mais c'est peut-être trop céder au charme mélancolique de l'élégie devant les représentants du genre littéraire où la première qualité est l'action.

Aujourd'hui, c'est à l'action diplomatique que vous vous entraînez. Ah ! Messieurs, que les Chancelleries vous sauront gré de proposer à leurs méditations des sujets essentiellement spirituels, qui les reposeront des réalités souvent ingrates sur lesquelles s'exerce d'ordinaire leur sagacité. Que le comte Almaviva, qui fut ambassadeur, vous protège auprès de ses éminents collègues.

Mais que surtout le rayonnement des génies qui sont pour vous de grands confrères arrivés, fasse éclater à tous les yeux la solidarité des intellectuels du monde entier.

Les grands synodes internationaux prennent tout naturellement l'allure de pèlerinages. Permettez-moi donc, et je reste dans mon rôle de magistrat parisien, de vous signaler un sanctuaire privilégié.

Je ne doute pas que votre programme ne comporte une visite à la maison de Victor Hugo. D'autres congrès offriront sans doute l'occasion à votre pieuse confrérie d'aller faire successivement ses dévotions à Stratford-sur-Avon et à Weimar.

Une œuvre qui invoque les patronages d'Hugo, de Shakespeare et de Gœthe doit se mouvoir à une hauteur telle qu'elle saura, la diplomatie vous y aidant, soustraire les ouvrages de l'esprit aux tracasseries des douanes. Vous contribuerez ainsi à préparer une humanité plus intelligente, plus juste et plus aimable.

RÉCEPTION A L'HOTEL DE VILLE
DE SA MAJESTÉ MOULAY YOUSSEF,
SULTAN DU MAROC

(13 *juillet* 1926)

Sire,

La Ville de Paris est heureuse d'accueillir en Votre Majesté un sincère ami de la France. Elle le fait dans l'allégresse, au lendemain des grands événements qui ont consacré la plénitude de votre souveraineté dans tout votre Empire.

Monsieur le Président de la République,

Notre Hôtel de Ville va ajouter une page à celles qui commémorent déjà tant de journées historiques. Vous avez personnellement participé à beaucoup d'entre elles. Nous nous réjouissons de chaque occasion qui nous est offerte de vous renouveler l'hommage de notre respectueuse gratitude pour la bienveillance que vous ne cessez de témoigner à Paris, à ses élus et à ses magistrats.

Dans la personne de chefs militaires illustres, nous saluons avec émotion les combattants qui ont ajouté encore à la gloire de nos armes. Leur endurance stoïque a résisté à de durs combats, à de longs mois d'une attente fébrile.

Leur épreuve fut abrégée à la fois par les dispositions savantes que le haut commandement avait prises et par la politique ferme, prudente, humaine, que pratiqua avec tant de patience et de succès M. Steeg qui, imperturbablement, suivit la ligne que sa conscience lui avait tracée au moment où il avait assumé une tâche entourée de tant de périls.

A travers bien des obstacles, Monsieur le Résident général, vous avez, sous l'impulsion du Gouvernement, pensé, voulu et réalisé la paix, la paix que l'humanité tout entière, espérons-le, invoque avec ferveur, la paix divine et bénie par les mères.

Sire,

Demain, Votre Majesté consacrera par sa présence l'une des œuvres qui attestent le plus éloquemment la sollicitude de la France pour ceux qu'elle a adoptés.

Le Gouvernement de la République aura ainsi affirmé son respect de toutes les formes du sentiment religieux en prêtant son concours moral et matériel à la réalisation de cette œuvre. L'âme musulmane, si profondément poétique, sentira toute la douceur de ce geste et nous croyons n'être pas trop optimistes en songeant que lorsque, à l'heure de la prière, les croyants tourneront toujours leurs regards vers la Mecque, un peu de leur pensée, parfois, se portera avec tendresse et gratitude vers Paris et la France maternelle.

RÉCEPTION DES MEMBRES DU CONGRÈS
INTERNATIONAL DU CINÉMATOGRAPHE

(28 *septembre* 1926)

Messieurs,

Il y a toute une littérature du cinéma :
je ne parle pas des œuvres célèbres transpo-
sées sur l'écran, ni des « poèmes » imaginés
pour servir de prétexte à des scènes muettes
et parfois fort éloquentes; je veux parler
des dissertations sur les caractères et les
conséquences incalculables de la découverte
géniale dont la France est fière d'avoir donné la révélation au monde émerveillé.

Votre Congrès aura ajouté de belles pages
à ce « Conciones » déjà si riche. Le grand
amphithéâtre de la Sorbonne a entendu hier
sur ce vaste sujet des voix éloquentes : les
unes, par leur timbre, soulignaient le caractère international de votre Congrès; d'autres, déjà familières à ce cadre glorieux,
nous donnaient une fois de plus la joie de
constater que les esprits formés par la forte

discipline classique excellent à exprimer la poésie intense que porte en elle la Science dans ses manifestations les plus modernes.

Je n'essaierai pas d'ajouter des considérations aux aperçus si judicieux et si profonds qui nous ont été exposés sur le rôle social du cinéma ; à peine oserai-je souligner quelques-uns des bienfaits que nous lui devons. Il a appris aux foules à goûter la douceur du silence ; grâce à lui, des millions de spectateurs connaissent pendant des heures la volupté du mutisme extasié, interrompu seulement par un rire collectif, incoercible. S'il est vrai que la plus perdue de toutes les journées est celle où l'on n'a pas ri, on peut dire de vos abonnés quotidiens — il y en a — qu'ils ne seront jamais embarrassés en se posant le soir la question que l'on attribue à Titus.

Mais s'il entretient ainsi ce précieux élément de santé morale, le cinéma cultive en nous une autre vertu si nécessaire dans tous les temps : le sourire.

Ah ! le sourire photogénique ! Quel paradoxe il était autrefois. N'y avait-il pas une sorte de cruelle antinomie entre la double formule des opérateurs : Ne bougez plus ! Souriez ! Comme si ces deux commandements ne s'excluaient pas de toute évidence ! Quels sourires contraints et grimaçants cela nous valait jadis !

Aujourd'hui vous avez libéré le sourire. « Fais ce que vouldras », voilà maintenant votre seule consigne. Et voyez quels miracles opère la liberté — la liberté contrôlée, ce qui est la devise même de la civilisation.

Il suffit qu'on se sente dans le champ de votre appareil pour que toute mauvaise pensée soit bannie de nos âmes. Que de gestes gracieux pour les voisins et les voisines, quels airs profonds, quelles attitudes pleines de noblesse, ou suivant le cas, d'un aimable abandon.

Les moralistes nous enseignent que les bons sentiments deviennent heureusement une habitude.

Dans tous les cas, croyez bien qu'il n'est pas besoin de se sentir sous le regard de vos objectifs pour vous adresser, au nom de Paris si passionné pour votre art magnifique, son plus cordial sourire et ses souhaits sincères pour le succès triomphal de votre Congrès.

RÉCEPTION D'UNE DÉLÉGATION DU COMITÉ
D'ENTENTE DES GROUPEMENTS NATIONAUX
D'ANCIENS COMBATTANTS ET VICTIMES DE
LA GUERRE.

(18 *octobre* 1926)

Messieurs,

La Ville de Paris, qui fut, elle aussi, une
mutilée de la grande guerre et qui montre
avec fierté les cicatrices des blessures que
lui firent en la survolant Taubes et Zeppe-
lins, est heureuse de saluer en vous les représentants du Comité d'entente des Groupements nationaux d'anciens Combattants
et Victimes de la Guerre.

L'évocation de vos épreuves passées, de
vos douleurs durables hélas ! ne peut que
confirmer les Français dans leurs sentiments de gratitude pour les hommes d'Etat
qui orientent résolument notre pays dans
la voie radieuse de la Paix. Ceux qui comme vous ont subi le long martyre de la
guerre, qui toute leur vie en garderont les

traces glorieuses et cruelles, sont les meilleurs ouvriers du désarmement moral sans lequel serait vain et même dangereux celui qui se prépare dans les Chancelleries ; c'est un heureux symbole qui fait coïncider à deux jours près votre réunion avec l'anniversaire de la journée historique de Locarno.

Dans un autre cadre et en un autre point du globe sur lequel pendant des semaines d'angoisses se concentraient les regards du monde entier, votre président a lui aussi apporté une contribution décisive à l'œuvre de la Paix et de la Civilisation. Que de courage, de ténacité, d'habileté il lui fallut pour la mener à bien !

Quel récit émouvant que celui de l'extraordinaire entreprise de ce grand mutilé qui « rengage » pour l'aventure où il y a tant de risques, et de toute sorte, à courir ; le voilà qui parvient à pénétrer dans la zone la plus mystérieuse de ce pays du Maroc, d'où nous viennent les échos d'atrocités abominables. Protégé par sa bonne foi rayonnante, il vient soigner, réconforter nos pauvres prisonniers ; mais — et c'est là que le miracle commence — cet homme extraordinaire a su apporter avec ses médicaments un sortilège qui lui permet d'entreprendre une autre cure bien plus importante. Ses paroles si humaines, son grand cœur si loyal font, dans le milieu farouche où il a su se faire admettre, une étrange impression. Peu à peu, il a fait naître dans l'esprit que dominait le délire de l'orgueil et de la violence, des réflexions salutaires. Exploitant habilement les défaillances que causent dans l'âme du chef rebelle les succès éclatants dus à la science consommée de nos chefs militaires et à l'héroïsme de nos soldats, il incline, lentement mais sûrement, toutes les pensées vers la solution qu'avait dès longtemps pressentie le Gouvernement de la République incarnant le génie pacifique de la France, sous la haute impulsion de M. le Président Briand, du ministre de la Guerre, M. Painlevé, — politique prudente et ferme qui fut si heureusement appliquée par le Résident général, M. Steeg ; et, après des vicissitudes dont tous les cœurs français ont ressenti violemment les contrecoups, tous ces efforts convergents aboutissent à la mémorable journée du 27 mai 1926, aussi décisive pour le Maroc que le fut pour l'Algérie celle du 23 décembre 1847.

Vous pouvez, Monsieur, être aussi fier du sang que vous avez versé sur la terre de France que de celui que vous avez épargné sur la terre d'Afrique.

En vous plaçant à leur tête vos camarades rendaient hommage non seulement à

un héros intrépide mais aussi à un diplomate subtil.

Un groupement que vous dirigez est donc
doublement assuré de ne rencontrer que
des succès. Nous y applaudissons de tout
notre cœur en vous adressant à tous, Messieurs, un salut déférent et fraternel.

INAUGURATION DE L'ACHÈVEMENT
DU BOULEVARD HAUSSMANN.

(15 *janvier* 1927)

Monsieur le Président de la République,

La Ville de Paris est extrêmement touchée du nouveau témoignage de sollicitude que vous lui donnez en présidant avec votre bonne grâce habituelle à l'un des actes les plus importants de sa vie édilitaire.

Elle se réjouit de saluer à vos côtés les Présidents des Assemblées parlementaires et plusieurs membres du Gouvernement de la République parmi lesquels la population parisienne est fière de compter un de ses élus ; ils approuveront, je l'espère, que le chef de l'Administration Municipale réserve un hommage particulier à M. le Ministre de l'Intérieur, tuteur bienveillant de toutes les Communes de France.

Les Parisiens d'aujourd'hui dont nous recueillons les doléances trop fréquentes, hélas ! sur la gêne indéniable que leur causent les travaux dont le rythme leur paraît toujours trop majestueux et qui ne trouvent qu'une faible consolation à relire la sixième satire de Boileau, les Parisiens ne peuvent songer sans une secrète envie à cette époque prodigieuse où un préfet illustre modifia l'aspect, la structure, les mœurs de la Ville et lui fit subir en dix-sept ans plus de transformations qu'elle n'en avait parfois connu pendant tout un siècle. Les contemporains en éprouvèrent une admiration mêlée de stupeur. A travers les épigrammes qui n'épargnèrent jamais l'autorité, l'admiration domine, même chez ceux dont l'âme nostalgique s'attache volontiers aux vestiges du passé. Ces nuances du sentiment se retrouvent dans la méditation de Baudelaire traversant le nouveau Carrousel.

Le Vieux Paris n'est plus. La forme d'une Ville
Change plus vite hélas ! que le cœur d'un mortel.

Et cependant quand Baudelaire écrivit ces vers il n'y avait encore que sept ans que le Baron Haussmann commandait à l'Hôtel de Ville.

Je n'entreprendrai pas de refaire ici le tableau de l'œuvre immense de ce reconstructeur de Paris, — ni le portrait de cet ouvrier égal à une telle tâche.

Ceux qui, après soixante-dix ans, achèvent modestement celle de ses œuvres qui, portant son nom, devait être de sa part l'objet d'une prédilection quasi paternelle, comprennent tout ce qu'ajoute à l'effort personnel le sentiment d'être les continuateurs d'une grande tradition, les gardiens d'une méthode administrative, les bénéficiaires d'une longue expérience dont les siècles ont constitué le trésor incomparable. En parlant aujourd'hui au nom de cette élite de grands travailleurs de l'Hôtel de Ville et saisissant avec joie l'occasion de leur rendre le témoignage que leur doit mon amicale gratitude, il me sera bien permis de souligner ce fait qu'ils ont eu à résoudre des problèmes d'une ampleur que n'ont point connue leurs devanciers.

La cérémonie d'aujourd'hui nous offre une synthèse grandiose d'un passé magnifique et des programmes de l'avenir. En même temps que nous couronnons un plan d'urbanisme qui s'est poursuivi pendant trois quarts de siècle et qui, vérifiant l'exactitude de la théorie d'Haussmann, va, en compensation de lourds sacrifices momentanés, créer dans ce beau quartier d'incomparables sources de richesses, nous contemplons avec fierté le développement progressif d'un réseau souterrain qui fait l'admiration du monde entier et qui, en vingt-cinq ans, a seul rendu possible à Paris le développement intense de la vie moderne.

Permettez donc au préfet d'aujourd'hui, après l'hommage fervent qu'il apporte à son glorieux prédécesseur de saluer avec respect les grands Préfets de la République et pour parler d'abord de ceux dont le long consulat a presque égalé celui d'Haussmann, MM. Poubelle et de Selves, dont le nom est toujours prononcé avec une affectueuse déférence à l'Hôtel de Ville et dont l'action féconde a laissé tant de traces dans l'histoire de Paris.

En ce jour qui nous convie à revivre les phases successives de ce vaste labeur collectif, il m'est doux de rappeler la part importante que prirent MM. Delanney, Autrand, Juillard et Naudin à la préparation des projets d'achèvement du Boulevard et du prolongement des lignes du Métropolitain, et la fermeté qu'ils mirent à exécuter dans des conditions particulièrement difficiles les décisions que l'Assemblée municipale eut l'énergie de prendre en s'inspirant de la foi profonde qu'elle a toujours eue dans les grands destins de la Cité.

Le coup de génie d'Haussmann quand il conçut son Boulevard fut de deviner le développement prodigieux qu'allait prendre le quartier de l'Etoile et il se sentait si sûr de lui qu'il commença cette voie par la périphérie et l'achemina par tronçons successifs vers le centre.

L'ordre de commencer les travaux fut donné en effet par Napoléon III dans un décret signé au Palais de Saint-Cloud le 17 octobre 1857.

En 1861, la nouvelle voie est percée de l'Etoile à la rue du Faubourg-Saint-Honoré ;

En 1863, elle atteint la rue de Miromesnil ;

En 1864, la rue Tronchet ;

En 1867, la rue de la Chaussée-d'Antin ;

En 1870, la rue Taitbout.

Au bout de la première étape, Haussmann vit son tracé butter contre sa maison natale. Ecoutez le ton dont il conte cet épisode dans ses mémoires :

« J'ai vu le jour à Paris, le 27 mars 1809, dans un petit hôtel entre cour et jardin, qui dépendait de l'ancienne propriété du fermier général Beaujon, et que, Préfet de la Seine, je fis démolir pour former la petite place où finit le boulevard Haussmann et commence l'avenue de Friedland, tout en haut du faubourg Saint-Honoré. »

Et c'est tout. Point de vaine élégie, pas d'attendrissement sur l'ombre de son berceau. Nous pouvons être sûrs de son crayon, ce fameux crayon qu'il confiait parfois à une « main auguste » pour tracer impérieusement sur le plan de Paris les voies de l'avenir, son crayon ne trembla point dans sa main quand elle dut le faire passer sur l'emplacement du petit hôtel Beaujon.

D'ailleurs, s'il y eut ce jour-là dans cette âme peu sentimentale un léger sacrifice, quelle magnifique compensation lui fut offerte : par un hommage éclatant le Gouvernement impérial du vivant même d'Haussmann donna son nom à la voie triomphale qu'il venait d'ouvrir.

L'inscription la plus pompeuse n'aurait jamais égalé l'éloquence de cette plaque bleue posée ainsi sur le point de l'espace où avait commencé cette existence vouée au service de la Cité, dont Haussmann a contribué, suivant le mot de Virgile appliqué à Rome, à faire « la plus belle des choses ».

Ce nom répété sur un si long parcours à l'un des centres les plus trépidants de la vie intense de notre Capitale, ce nom que tant de Parisiens ont l'occasion de prononcer à chaque moment, que les pèlerins du monde entier connaissent et enregistrent fidèlement dans leur mémoire en l'associant aux images que leur laisse ce quartier dominé par le voisinage prestigieux de l'Opéra, ce nom mêlé de tant de manières à l'histoire de Paris, il est aujourd'hui l'objet d'un hommage unanime, et, puisque cet auditoire comprend des membres de la famille qui veillent avec fierté sur cette part de leur patrimoine, ils peuvent être assurés qu'il en est bien peu dont on puisse dire avec autant d'exactitude qu'il ne cessera jamais de

Voltiger, nom ailé, sur les bouches des hommes.

RÉCEPTION EN L'HONNEUR DU LIEUTE-
NANT DE VAISSEAU BERNARD ET DU MAI-
TRE PRINCIPAL BOUGAULT.

(19 *janvier* 1927)

Mesdames,

MM. les Ministres approuveront certainement qu'en dépit du protocole je m'adresse
à vous tout d'abord pour vous dire combien
nous nous associons à votre fierté maternelle et conjugale.

Monsieur le Président,

Paris se réjouit qu'une circonstance aussi
solennelle lui vaille l'honneur de vous saluer dans son Hôtel de Ville. Il appartenait
bien à l'homme d'Etat qui n'a jamais cessé
d'être un poète d'organiser cette expédition
aérienne, qui ajoute un Chant à la magnifique épopée de l'aviation française au développement de laquelle notre marine nationale a pris une si large part. Les deux héros que nous fêtons viennent d'accomplir
une prouesse qui a quelque chose de fabu-

leux et la simplicité charmante qui accompagne leurs paroles et leurs gestes ajoute encore à notre admiration. Nous saluons avec eux leurs Chefs éminents ; notre nef héraldique est fière d'avoir aujourd'hui un si brillant état-major et d'y compter l'amiral Frochot qui porte si dignement le nom du premier Préfet de la Seine.

Les circonstances nous privent de l'honneur d'accueillir en même temps que vous M. le Président Painlevé qui fut dès le début un apôtre fervent de l'aviation, qui ne s'est pas contenté d'appliquer à ce vaste problème la puissance de sa pensée et de ses calculs, mais qui depuis les vols du plateau d'Auvours jusqu'au mémorable raid Paris-Casablanca en juin 1925 n'a cessé de montrer que chez lui l'action est toujours la sœur du rêve. Il a bien voulu se faire représenter à cette réception pour affirmer une fois de plus la fraternité de tous les navigateurs de l'air.

C'est à vous, Monsieur le Ministre de l'aviation, que revient, après vos éminents prédécesseurs, MM. Flandin et Laurent-Eynac, l'honneur d'assurer la synthèse de tous ces efforts. Nous savons que dans votre vaste domaine ministériel, cette œuvre déjà si glorieuse et devant laquelle s'ouvre un si grand avenir est l'objet d'une prédilection bien naturelle. Le Département de la Seine se félicite que ce soit à l'un de ses élus qu'incombe une si noble tâche.

Messieurs,

La Seine vous a reçus vendredi dernier sur ses ondes paisibles, et son Préfet vous salue aujourd'hui avec respect, sans prétendre jouer le rôle du personnage mythologique, qui dans les ballets du grand siècle, incarnait le Génie de notre fleuve.

En amont du pont de Suresnes habitué aux exploits nautiques de nos canotiers pour qui le plus grand voyage est d'ordinaire limité à la boucle de la Marne, les Parisiens ont vu avec émotion se poser, comme en se jouant, votre grand oiseau blanc qui, au cours de son périple immense a fait vibrer ses ailes rigides au milieu des tempêtes qui soulèvent les océans, ou dans le souffle brûlant de la zone torride et dont la coque légère a effleuré les nappes encore mystérieuses des grands fleuves du Continent noir et les beaux lacs qui reflètent la douceur du ciel de Provence ou les splendeurs de celui de l'Emyrne.

Et par milliers, au cœur de notre jardin historique, les Parisiens toujours prompts à l'enthousiasme ont défilé rêveurs, évoquant les uns le cygne légendaire de Lohengrin, les autres la colombe mystique survolant les peuples pacifiés, devant ce grand oiseau blanc qui entre deux vols repose dans l'axe même de l'Arc de Triomphe, dans ce cadre de gloire tout près de l'aiguille de pierre qui lui parle encore des lointains horizons de la vallée du Nil et sur le lieu même d'où le 1er décembre 1783 Charles et Robert accomplirent leur ascension mémorable en aérostat, tant la terre de France à chaque pas pourrait-on dire nous rappelle des actions héroïques et de magnifiques élans vers l'Idéal.

Réception du Lord-Maire de Londres

(22 *janvier* 1927)

Monsieur l'Ambassadeur,

Vous avez terminé hier votre discours en disant : je voudrais ajouter quelques mots dans leur langue pour *mes amis français*. Cette phrase leur est allée au cœur. Elle leur a montré la réciprocité du sentiment de vive sympathie qu'ils éprouvent pour le représentant éminent d'un grand peuple uni au nôtre par les nobles souvenirs que le Maréchal Foch évoquait hier en termes si émouvants. Permettez à un de ces amis français de vous en remercier sincèrement et cordialement et d'offrir à la Marquise de Crewe l'hommage de notre profond respect.

Monsieur le Ministre,

Les éloquentes paroles par lesquelles **vous** avez célébré les rapports fraternels de l'**Empire** britannique et de la République **française** sont encore présentes à nos esprits.

Le Département de la Seine est fier que ce soit à l'un de ses élus que soit dévolue la haute mission de resserrer encore ces liens et la Ville de Paris se réjouit de vous voir en cette belle journée au premier rang de ses hôtes.

Monsieur le Lord-Maire,

Nous sommes heureux de vous voir continuer la tradition des visites qui nous sont chères de le faire dans des conditions particulièrement gracieuses puisque lady George Rowland Blades et Mesdames Shepherd et Vincent ont bien voulu se joindre à vous et à MM. les Sheriffs.

Si vous aviez assisté à l'inauguration du dernier tronçon du boulevard Haussmann, vous auriez pu en vous associant aux hommages rendus par mon illustre prédécesseur saluer en lui un grand admirateur de votre ville. C'est à Londres qu'il a emprunté l'idée des squares dont il a doté Paris. Il vous a même emprunté le mot qu'il a fait entrer dans notre vocabulaire courant. En cela comme en beaucoup de choses il fut un précurseur.

Que de mots nous vous avons empruntés depuis ! Nos journaux de sports sont rédigés dans un style qui symbolise l'entente cordiale car les mots anglais et français vont sans cesse bras dessus bras dessous comme disait hier le Maréchal Foch. Enfin, vous avez pu constater qu'un grand nombre de nos magasins portent des inscriptions bilingues et souvent dans ce genre d'épigraphie, le français s'efface tout à fait, si bien qu'en parcourant certains de nos quartiers vous pourriez avoir l'illusion d'être dans une rue de Londres — si toutefois les trottoirs étaient moins encombrés et si les autobus avaient des impériales — tant les choses elles-mêmes chez vous sont traditionnalistes.

Nous en avons sous les yeux la preuve dans la somptuosité des insignes qui évoquent le glorieux passé des puissantes corporations dont vous êtes les représentants. Celle à laquelle vous appartenez, Monsieur le Lord Maire, doit inspirer dans votre ville comme dans la nôtre une sympathie particulière. Rabelais appelait l'imprimerie la dixième Muse. Où pourrait-on honorer mieux qu'à Paris cet art magnifique, fleur du génie humain, héraut irrésistible de la Pensée. Au nom de la patrie des Didot, je vous renouvelle le salut de Paris en regrettant de ne pouvoir le faire avec le chaperon d'Etienne Marcel.

INAUGURATION
D'UNE PLAQUE COMMÉMORATIVE
DE DOM PEDRO, EMPEREUR DU BÉSIL

(23 *février* 1927)

La France républicaine, fidèle aux sentiments chevaleresques de notre race, accueillit avec un affectueux respect l'Empereur exilé en qui tous les intellectuels se plaisent à saluer un grand Citoyen du monde.

Lui-même honorait par-dessus tout les choses de l'esprit. Vous rappeliez un jour à la Sorbonne, Monsieur l'Ambassadeur, que dom Pedro aimait à invoquer son titre de membre de l'Institut. Les témoignages de déférence qu'il avait prodigués à Victor Hugo étaient comme une transposition contemporaine des vers que Charles IX adressait à Ronsard.

Le peuple de Paris, si sensible à tous les exemples de délicatesse morale, associait volontiers dans le culte qu'il voue aux grands hommes l'image de ces deux vieillards, celle de notre poète national, sacré par l'exil avant d'exercer parmi nous une sorte de royauté de l'esprit, et celle du souverain qui descendant du trône avec tant de dignité semblait trouver une majesté nouvelle dans l'exil adouci par les hommages d'une nation libre et accessible à tous les sentiments généreux.

Cette modeste demeure abrita le recueillement de celui qui, sous le ciel le plus éclatant, avait régné sur le pays d'où, pendant des siècles, appareillèrent tant de galions. Les Parisiens et les hôtes de Paris ne passeront pas sans émotion devant la maison où expira celui qu'Hugo appelait un petit-fils de Marc Aurèle.

RÉCEPTION
D'UNE DÉLÉGATION DE MEMBRES
DU PARLEMENT POLONAIS

(1ᵉʳ *mars* 1927)

Monsieur l'Ambassadeur,

La Ville de Paris se félicite d'une occasion aussi solennelle qui lui est offerte d'exprimer ses sentiments de respectueuse amitié pour le diplomate éminent qui représente avec tant d'éclat la République polonaise, au milieu de nous.

Mme la Comtesse de Chlapowska a bien voulu par sa présence, ajouter au charme de cette belle journée ; notre joie et notre gratitude en sont grandement accrues.

Messieurs,

La réception d'une délégation polonaise à l'Hôtel de Ville de Paris a le caractère d'une fête familiale.

L'Histoire a multiplié les liens spirituels qui unissent nos deux peuples entre lesquels les affinités morales sont évidentes.

On nous a assez reproché quelquefois aux uns et aux autres ce qu'il y a de primesautier, de léger, disent les gens pesants, de chevaleresque, disent les gens aimables, dans notre caractère national pour que nous puissions, quand nous sommes entre nous, nous féliciter d'avoir pu mériter des reproches aussi flatteurs. La politique a maintes fois rapproché deux nations si bien faites pour se comprendre et s'aimer.

Tout près d'ici, l'horloge du Palais de Justice rappelle en beau latin épigraphique que l'un de nos rois a ceint successivement les couronnes de Pologne et de France ; et nous aimons à nous souvenir que la seule place de notre pays qui puisse rivaliser de beauté avec celles dont Paris est si fier, c'est le bon roi Stanislas qui en a doté la ville de Nancy.

L'épopée napoléonienne doit à vos héros légendaires quelques-uns de ses épisodes les plus pathétiques. C'est avec une égale ferveur que les écoliers de France apprennent à célébrer vos gloires et les nôtres, qu'ils compatissent au long martyre de votre patrie, qu'ils s'exaltent au souvenir de vos enthousiasmes populaires qui furent si souvent le contrecoup des commotions gigantesques dont la colère terrible et le généreux idéalisme du peuple de Paris ébranlaient le monde entier.

Tous nous connaissons des descendants de ces proscrits qui, au lendemain des tragédies de votre histoire nationale, venaient demander à la France une hospitalité fraternelle ; à tous, notre peuple ouvrait son cœur, aux plus illustres d'entre eux Paris s'empressait d'ouvrir des amphithéâtres où la jeunesse des Ecoles les applaudissait frénétiquement. Aujourd'hui encore, la Sorbonne et l'Institut comptent parmi leurs maîtres les plus aimés M. Strowski, un grand écrivain, qui symbolise l'union intime de nos deux nations.

Tant de grands souvenirs ne pouvaient qu'être portés au paroxysme par les épreuves récentes de nos patries. Aucun de nous n'a oublié l'émotion que nous ressentîmes tous en apprenant, il y a juste dix ans, par un décret contresigné par M. Ribot, Président du Conseil et M. Painlevé, Ministre de la Guerre, que sous les auspices de la France, une légion polonaise se constituait pour coopérer aux opérations des armées alliées et je revois encore le petit hôtel de Chanaleilles où siégea tout d'abord l'état-major de cette phalange héroïque.

C'était sous un ciel bien sombre que l'Aigle blanc de Pologne essayait de reprendre son vol d'une aile bien vite ensanglantée. Il a plané dans le ciel rayonnant de la Victoire. Aujourd'hui, dans le ciel rassé-

réné, souhaitons qu'il ne croise plus jamais
que cette autre blancheur, la colombe mystique survolant des peuples pacifiés.

Nous saluons en vous des messagers
amis nous apportant l'écho du lointain
passé, des souvenirs récents des gloires et
des douleurs communes et les espoirs d'un
avenir souriant en vue duquel vous unis-
sez vos efforts à celui d'un peuple dont le
génie est vraiment le frère du vôtre. Et
puisque Paris inaugure en ce moment la
série des fêtes qui commémorent le centenaire du Romantisme, c'est pour nous une
joie et une fierté d'y associer votre glorieux
Chopin dont nous entendrons tout à l'heure
un chant magnifique.

Inauguration du Monument aux Morts de Levallois-Perret.

(13 *avril* 1927)

En conviant le représentant du Gouvernement de la République à présider cette cérémonie, vous avez tenu à en souligner le caractère national. La Ville de Levallois-Perret honore et pleure ceux de ses enfants morts glorieusement pour la France ; j'apporte à leur noble mémoire l'hommage reconnaissant de la Patrie.

Le grand artiste qui a conçu ce monument a traduit éloquemment les impressions douloureuses et grandes que laissent dans son âme d'ardent patriote les souvenirs de la longue épreuve à laquelle il prit une si large part. On y sent une compassion immense pour tant de tortures morales et physiques stoïquement endurées, ennoblies par cette acceptation sublime qu'expriment avec une telle émotion les regards de tous ces combattants convergeant vers l'image de la Patrie, meurtrie par une douleur poignante mais qui cependant ne fléchit pas sous les coups du destin et que l'on sent sûre de la justice de sa cause et ferme dans sa résolution intrépide.

Mais à côté de cette évocation farouche le statuaire a symbolisé les généreuses espérances de ceux qui croient fermement à un avenir auquel sera épargné le retour de pareilles atrocités. Le doux Virgile, voilà deux mille ans, gémissait de voir le forgeron changer « la courbe d'une faux en un glaive rigide » et voilà trois siècles notre vieux Malherbe transposant cette image escomptait le désarmement qui devait suivre une campagne victorieuse, et traçait le vers célèbre :

Le fer mieux employé cultivera la terre.

C'est ce qu'exprime le geste énergique de ce jeune ouvrier qui brise sur son genou robuste le glaive qu'il vient de ramasser au milieu d'armes qui jonchent le sol à ses pieds — trophée de la démocratie victorieuse du despotisme — et pour la composition duquel M. Yrondy a pu dans un coin de son atelier choisir comme modèle un fusil Mauser qu'il a lui-même ramassé sur le champ de bataille.

Et maintenant méditons les leçons qui se dégagent de ces souvenirs et de ces symboles et inclinons-nous silencieusement, pieusement vers la crypte de ce monument où reposent les corps d'un grand nombre des héros que saluent nos cœurs compatissants et fraternels.

——— ———

RÉCEPTION A L'HOTEL DE VILLE DE M. MORAIN, PRÉFET HONORAIRE, ANCIEN PRÉFET DE POLICE, ET DE M. CHIAPPE, PRÉFET DE POLICE.

(12 *mai* 1927)

Madame,

Votre présence aujourd'hui à l'Hôtel de Ville — et nous espérons vous y revoir souvent — nous permet de vous associer à l'hommage rendu à votre mari. Grâce à vous cette journée se pare d'un charme qui convient bien à une cérémonie qui se déroule au cœur même de Paris.

Mes chers Collègues et Amis,

La Ville de Paris et le Département de la Seine viennent de donner une preuve de plus de l'extrême bonne grâce que leurs élus veulent bien apporter dans leurs relations avec les représentants du pouvoir central.

Dans cette cérémonie inspirée par une pensée si délicate, les deux Présidents ont traduit les sentiments de la population et des membres des Assemblées. Si je tiens à joindre ma voix à la leur, c'est un peu pour exprimer discrètement toute ma gratitude de goûter pour ma part le charme de ces dispositions bienveillantes, mais surtout pour dire combien ma vieille amitié se réjouit du double salut qui vous est adressé et qui est pour l'un une très noble récompense, pour l'autre un bien précieux encouragement.

Mon cher Morain,

Après avoir, au cours d'une longue et laborieuse carrière, représenté la République dans plusieurs départements — et moi qui vous ai succédé à Rouen je sais quel souvenir ineffaçable vous avez laissé dans vos résidences diverses — vous avez assurément éprouvé une légitime fierté quand vous avez été appelé à exercer ici de hautes et difficiles fonctions dont vous vous êtes acquitté avec tant de conscience, d'élégance et de succès.

Le témoignage de sympathie dont vous êtes en ce moment l'objet atteste éloquemment la popularité de bon aloi que vous ont conquise votre activité, votre franchise cordiale, votre bonne humeur inaltérable.

La médaille que Paris réserve à ses plus éminents serviteurs consacre solennelle-

ment la gratitude de la grande Cité. A cette
minute émouvante de votre vie, je suis
heureux d'être auprès de celui qui fut mon
chef quand je débutais dans la vie préfec-
torale, pour lui exprimer les sentiments de
profonde affection de la famille administrative tout entière.

En vous aussi, mon cher Chiappe, cette
grande famille aura eu un « patron » bienveillant, comme nous aimons à le dire fami-
lièrement, pendant les années où vous avez
été secrétaire général du ministère de l'Intérieur.

Vous m'avez dit avant-hier — et une lar-
me perlait dans vos yeux sans en voiler
cependant le regard aigu — que vous ne
pouviez vous défendre de quelque mélancolie à la pensée de quitter cette maison de
la place Beauvau où pendant vingt-huit
ans vous avez gravi tous les degrés de la
hiérarchie, que vous connaissez mieux que
personne et où tous ont été témoins de
votre légendaire puissance de travail, de
votre fermeté réfléchie, de votre inébranlable et à l'occasion courageuse amitié. Mais
après ce long regard d'adieu à la maison
que vous quittez, tournez un regard con-
fiant vers le destin brillant qui s'ouvre devant vous.

Embarquez-vous allègrement sur la nef

héraldique ; cet appel n'est point fait pour déplaire à un insulaire.

Voyez comme elle est avenante, en ce jour, où elle a hissé le grand pavois.

Chacun à notre poste, nous concourrons de notre mieux à la manœuvre, les yeux fixés sur un horizon qui s'éclaircit, attentifs à coordonner notre action, et pénétrés du grand honneur de mériter à un tel poste la confiance du Gouvernement de la République, en servant de tout notre cœur Paris et le Département de la Seine.

INAUGURATION
D'UNE PLAQUE COMMÉMORATIVE
APPOSÉE SUR LA MAISON DE J.-K. HUYSMANS

(12 *mai* 1927)

Messieurs,

Les amoureux de Paris se réjouissent de voir multiplier les stations de ce perpétuel pèlerinage littéraire et artistique qu'est une promenade au hasard à travers nos rues.

Nous signalons aujourd'hui à l'attention des passants qui, au milieu de notre vie affairée, prennent cependant le loisir d'accorder un regard à notre épigraphie municipale, le point où s'acheva une vie humaine commencée rue Suger, et qui, à part une retraite mystique de quelques années en province, s'écoula tout entière sur cette rive gauche si chère à certains de nos concitoyens. Coppée a dit dans le refrain d'une ballade :

La rive gauche est le côté du cœur.

Ce n'est point de ce ton souriant et badin que Huysmans devait s'expliquer à lui-même sa prédilection pour cette moitié de Paris. Le maître écrivain qui l'a fraternellement aimé, M. Lucien Descaves, nous dit dans une phrase qui peint bien le caractère de son ami :

« Quand il sortait de son ministère, place Beauvau, il se hâtait de traverser les ponts, de mettre la Seine entre lui et cette rive droite démoniaque, où résidait tout ce qu'il abhorrait. »

Ces quelques lignes dessinent une silhouette très nette de Huysmans : fonctionnaire ponctuel et pessimiste intégral. Que les esprits malicieux ne s'avisent pas d'établir une relation de cause à effet entre ces deux constatations. La vie de bureau n'incline pas forcément à la misanthropie ; nul n'ignore que beaucoup de joyeux vaudevilles ont été écrits sur du papier à en-tête officiel, et, pour rester dans le domaine de la pure littérature, l'histoire de l'Hôtel de Ville ou des Ministères rappelle qu'on peut, malgré des occupations administratives, rester étincelant et corrosif, comme Rochefort, élégiaque comme Samain ou olympien comme Léon Dierx. Il me serait facile d'allonger ce palmarès rétrospectif, si je voulais citer les brillants écrivains qui, à l'Hôtel de Ville même, continuent aujourd'hui la tradition de leurs illustres devanciers.

J'aurais manqué, semble-t-il, à l'un de mes devoirs, si je n'avais rendu un hommage discret à Huysmans fonctionnaire, mais cette circonstance est absolument étrangère à l'orientation de sa pensée.

« Dès son premier roman, dit Jules Lemaître, qui fut pour lui un juge sévère, mais perspicace, éclata un don précieux, le don de saisir et de fixer les détails des objets extérieurs, et aussi le don d'exprimer, en termes véhéments et crus, les côtés grotesques de la vie. M. Huysmans doit tenir cet héritage de ses aïeux flamands. Il a des silhouettes et des scènes qui rappellent Téniers et plus encore Jordaëns. »

Cependant toute la joyeuseté qu'évoquent ces deux noms est absente de l'œuvre d'Huysmans. Poussant jusqu'à ses extrêmes limites l'esthétique naturaliste, il a présenté des échantillons d'humanité qui révèlent un pessimisme amer et une vision bien désenchantée de la vie.

Son âme d'artiste impassible d'abord s'est sentie sans doute envahie par une immense pitié pour ces êtres créés par son imagination et par ceux qui avaient pu lui servir de modèle.

Toute cette foule pitoyable qui semblait devoir le révolter, l'a, par la suite, attendri et le *Miscreor super hanc turbam* a retenti profondément dans son cœur.

C'est par ce détour peut-être que cet intellectuel raffiné, après s'être longuement attaché aux étranges complications de son héros des Esseintes a aspiré à la simplicité suprême et a rêvé des blancheurs de la cellule monacale.

Son œuvre si curieuse, si puissante, si variée, est donc un diptyque dont l'antithèse rappelle celle du quartier de Saint-Séverin auquel il a consacré de fortes pages — quartier aux laideurs pittoresques qui entoure l'un des sanctuaires les plus vénérés de Paris.

C'était bien là vraiment qu'il convenait à ses intimes de lui rendre un premier hommage conforme aux souhaits de son cœur apaisé — avant l'hommage municipal que lui décerne aujourd'hui la Ville qu'il aima d'un si fervent amour.

COMMÉMORATION DU XL⁰ ANNIVERSAIRE
DU MANDAT DE M. DEVILLE.

(16 *mai* 1927)

Mon cher Président,

Sur de belles plaques de marbre décorant les parois de la galerie diaprée de vitraux héraldiques qui est notre Salon de la Paix sont gravés les noms des conseillers qui ont accompli leurs vingt-cinq ans de mandat municipal, et voilà déjà quinze ans que cet honneur vous a été décerné.

Au lendemain du jubilé du vénérable parlementaire qui siège depuis plus de cinquante ans à la Chambre des Députés, l'Hôtel de Ville se réjouit de fêter les quarante ans de mandat de celui qui, à tous égards, est pleinement qualifié pour représenter la tradition dans ce qu'elle a de plus Français.

Je me félicite d'être appelé à associer l'Administration de la Préfecture de la Seine à l'hommage qui vous est rendu et ma joie s'accroît de la présence à cette séance de plusieurs de mes éminents prédécesseurs et particulièrement de celui qui occupa avec tant d'éclat l'une des plus hautes charges de la République.

Venu très jeune de votre Jura natal que je connais bien puisque ce fut une des étapes de ma carrière, vous avez apporté ces qualités de volonté et d'application qui sont un des traits dominants du caractère Fran-Comtois.

A l'Ecole des Sciences politiques, à la Molé-Tocqueville, vous avez vite conquis vos lettres de naturalisation parisienne. Votre accession brillante au secrétariat de la Conférence des Avocats où vous avez noué des amitiés illustres vous a classé, dès votre début dans la vie, parmi cette élite des jeunes orateurs qui sont l'espoir du barreau et la parure des Assemblées. Quand vous avez pénétré dans celle-ci vous le faisiez sous le patronage d'un homme dont le nom est doublement honoré puisque M. Ferdinand Duval a siégé ici comme Préfet de la Seine et comme Conseiller municipal.

Quarante ans consécutifs passés au cœur même de Paris par un homme de talent à l'esprit orné, toujours préoccupé des questons d'art, quel destin enviable ! Que de grands, de beaux, d'émouvants, de pittoresques souvenirs vous pouvez évoquer pendant les longues heures de méditation qui sont la récompense et la consolation de l'âge mûr. Que de fêtes se sont déroulées dans ces magnifiques salons dont vos débuts ont vu achever la décoration, depuis les joyeuses réceptions popularisées par des poèmes célèbres — l'édition princeps de Mac-Nab est précisément de 1887 — jusqu'aux somptuosités des visites royales qui donnèrent tant d'éclat à votre présidence de 1903-1904.

Vous avez eu l'insigne honneur d'aller fréquemment dans les capitales étrangères porter le salut de Paris aux souverains et aux peuples qui ont tous la nostalgie de la « Ville » et vos compagnons de route gardent le souvenir de ce que vous fûtes comme Ambassadeur de l'esprit français.

Vous continuez à le servir avec amour comme Président de la 4ᵉ Commission où les artistes se réjouissent de trouver en vous un protecteur éclairé dont la bienveillance leur est particulièrement précieuse dans le temps difficile qu'ils traversent.

On se console de vieillir quand c'est au seuil des « templa serena » pour y accueillir les néophytes et veiller, avec l'autorité que vous avez conquise, sur le patrimoine de gloire de la grande Cité.

RÉCEPTION DES PLUS GRANDS INVALIDES DE GUERRE BELGES A L'HOTEL DE VILLE.

(23 *mai* 1927)

Monsieur l'Ambassadeur,

Ceux qui ont l'honneur de parler au nom de Paris sont toujours heureux qu'une occasion leur soit offerte — et celle-ci est particulièrement émouvante — d'offrir leur hommage respectueux et cordial au diplomate éminent qui représente au milieu de nous avec tant de bonne grâce la noble Nation dont le cœur, en toute circonstance, a battu si près de celui de la France.

Messieurs,

Votre noble pays possède à un degré éminent le sens de la tradition municipale. Nous espérons donc que parmi les témoignages de profonde, de fraternelle sympathie que vous recueillerez au cours de votre séjour en France, vous trouverez une douceur particulière à l'hommage que Paris

vous adresse dans cet Hôtel de Ville où bat
le cœur de la grande Cité.

En vous saluant avec respect, avec compassion, avec tendresse, Paris traduit les
sentiments de la France tout entière à votre
égard.

La visite que vous nous faites est pour
nous un honneur et un enseignement.

Ah ! certes nous sommes fiers des longs
cortèges qui de tous les points du monde
civilisé se dirigent vers notre cher Paris.

Ce nous est une joie de songer que sous
toutes les latitudes, des hommes rêvent de
ce pèlerinage à Paris qui fait partie du programme de tous ceux qui vivent de la vie
de l'esprit.

Les congrès scientifiques, artistiques, littéraires, amènent vers nous toutes les élites.
Nous sommes sensibles aussi à la curiosité
de tant de visiteurs dont la pensée se meut
dans des sphères moins hautes et qui ne
demandent à Paris que son sourire et ses
fleurs.

Mais votre visite à vous nous convie à
de graves et salutaires méditations. Elle
nous rappelle les devoirs que nous avons
envers vous et vos frères d'héroïsme et de
souffrance. Depuis les jours tragiques que
votre présence évoque rien que par son silence pathétique, bien des fois déjà le printemps a refleuri ; la sève puissante et douce

de la nature a sur bien des points recouvert d'un décor paisible les champs qui virent de si atroces carnages et trop de cœurs laissent s'affaiblir en eux ces souvenirs qui devraient être vivaces et sacrés. Car malgré les années écoulées, votre chair souffre encore ; c'est tous les jours, à chaque geste douloureux et, pour certains d'entre vous, à chaque tâtonnement dans des ténèbres éternelles, que dans le silence, dans l'angoisse et parfois, hélas ! au milieu de l'indifférence impie de ceux qui vous entourent, vous renouvelez le sacrifice sublime qu'en un jour d'enthousiasme, dans la griserie de l'épopée, vous aviez fait à votre patrie de votre jeunesse, de votre santé, de votre droit à la vie et au bonheur.

Aussi chacun de nous méditera la rude leçon de morale que nous apporte votre présence. Et elle est plus significative encore venant des représentants de cette noble Nation qui donna collectivement le plus haut exemple qu'ait enregistré l'histoire du respect religieux des traités et de la conception la plus héroïque de l'honneur national.

Ce sursaut magnifique de tout un peuple a trouvé son expression sublime dans les paroles et les gestes des Souverains qui ont su avec une fermeté inébranlable allier constamment la simplicité et la grandeur.

Les annales de notre Hôtel de Ville con-
servent précieusement le souvenir du jour
où furent salués ici avec vénération et gratitude leurs Majestés le Roi Albert et la
Reine Elisabeth.

Notre Livre d'Or enregistrera cette journée comme un nouveau témoignage de
l'amitié inaltérable de nos deux patries glorieuses, meurtries et fraternelles.

RÉCEPTION
DU CAPITAINE CHARLES LINDBERGH.

(26 *mai* 1927)

Monsieur l'Ambassadeur,

Tous les Parisiens savent que de grandes heures vous avez déjà vécues au milieu d'eux et certaines paroles prononcées par vous en des jours tragiques disent assez la profondeur de votre amour pour la France.

Les scènes grandioses et touchantes qui se succèdent depuis l'inoubliable soirée du 21 mai ont encore rapproché votre cœur des nôtres. Quelle joie pour nous de vous accueillir dans notre Hôtel de Ville pendant cette période d'enthousiasme collectif où il semble que votre héroïque et charmant compatriote vienne mêler à l'atmosphère de notre vie courante quelque chose de la sublimité des hauteurs où il a plané triomphalement.

Monsieur,

Ce Paris que vous avez survolé circulairement pendant que votre regard aigu cherchait un point d'atterrissage, ce grand Paris vous acclame depuis cinq jours, mais nulle part son hommage ne prendra un caractère plus affectueux que dans cet Hôtel de Ville où se concentrent les sentiments d'une population que la gloire fascine et que la bonne grâce conquiert.

A ce double titre vous avez instantanément réalisé le trust de tous les cœurs. Ce qu'il y a de quasi fabuleux dans votre prodigieuse aventure a enfiévré toutes les imaginations. Tous ceux et toutes celles qui ont vu, au cours de ces promenades d'apothéose, votre sourire juvénile, je serais tenté de dire candide, se représentent instinctivement quelle devait être l'expression de ce même visage pendant trente-trois heures de réclusion dans votre carlingue, pendant que votre regard perçant voyait en quelque sorte la Terre tourner au-dessous de vous, pendant que dans un corps à corps farouche avec les éléments hostiles, votre art consommé et votre instinct infaillible vous faisaient raser la vague à trois mètres ou vous portait d'un sursaut à trois mille mètres d'altitude.

Et puis nous revoyons sur vos traits re-

paraître le sourire, ah ! quel sourire, quand vous vous penchez sur l'appareil téléphonique qui vous permet d'entendre la voix maternelle qui, elle aussi, pour vous rejoindre, franchit cet océan que vous avez survolé éperdument.

Quand nous lisons le récit de telles choses n'avons nous pas la sensation de vivre au milieu d'une sorte de miracle permanent. La même semaine aura vu s'accomplir ces deux choses inouïes : votre bond d'un continent à l'autre et la liaison téléphonique de New-York et de Paris.

Quelle fierté notre époque qui trouve pourtant des détracteurs a-t-elle le droit d'éprouver en songeant à tant de merveilles réalisées en si peu de temps.

Il n'y a pas vingt ans, vos compatriotes, les frères Wright, tentaient leurs premiers vols historiques au plateau d'Auvours ; ils rencontraient naturellement beaucoup de sourires sceptiques et de sinistres prophéties ; — mais l'élite de la France les comprenait, les encourageait, les suivait et les premiers passagers de ces héroïques pilotes s'appelaient Painlevé et Louis Barthou.

Puis l'essor s'élargit et le rêve éternel de l'humanité hanta de plus en plus les conquérants de l'air.

Il semble que la volupté suprême soit de s'aventurer là où l'on s'interdise à soi-même d'atterrir ; et c'est successivement la traversée de la Manche par Blériot, la traversée de la Méditerranée par Roland Garros.

Vous venez d'écrire le troisième chant de cette épopée magnifique.

Cet exploit splendide, vous l'avez dit vous-même avec une modestie charmante, il est le résultat d'un immense effort collectif et, par une inspiration infiniment touchante, vous avez marqué que votre première pensée allait à nos deux pauvres compatriotes, vos émules de gloire et de courage, qui, moins heureux, hélas ! sont aussi grands que vous.

C'est également d'un cœur très fraternel que tous les Français s'associent à l'orgueil légitime de votre Patrie dont les fortes vertus forment des hommes comme vous; Patrie fidèle au plus noble idéalisme, dont la pensée tend toujours en haut, et qui, devant un triomphe comme le vôtre, peut contempler avec un fier sourire les étoiles qui illuminent son drapeau.

EXTRAIT DU PROCÈS-VERBAL
DU CONSEIL MUNICIPAL.

(11 *mars* 1927)

M. le Préfet de la Seine. — Je demande au Conseil la permission de lui donner lecture d'un document qui prendra place, je le crois, parmi les plus précieux de ceux qui seront déposés dans nos archives.

Voici ce document :

« Les héritiers de Victor Hugo, unis dans une pensée de pieuse commémoration de leur aïeul, font, par la présente déclaration, donation sans réserve de Hauteville-House et de tous les objets mobiliers qui en dépendent, à la Ville de Paris.

« Elle leur apparaît comme la digne gardienne de tout ce qui peut servir la gloire du poète qui l'a chantée et aimée d'un si fervent amour.

« Signé : J.-M. Negreponte, Jeanne Victor-Hugo ; Jean Hugo ; François Hugo ; Marguerite Hugo. »

Ces trois derniers signataires sont les enfants de Georges Hugo, récemment décédé.

Je ne doute pas, messieurs, de l'accueil que le Conseil municipal, après sa Commission compétente, fera à cette offre magnifique. Chacune des phases de la vie de Victor Hugo évoque un des aspects de la Ville, depuis les jeux enfantins dans le jardin des Feuillantines jusqu'à la veillée funèbre sous l'Arc de Triomphe. Le poète a dû à la cité-mère — comme il l'appelle dans une strophe qui chante dans toutes nos mémoires — quelques-unes de ses plus hautes inspirations, depuis « Notre-Dame de Paris », jusqu'au livre épique des « Quatre vents de l'esprit ».

Hugo a été l'écho sonore qui a traduit les enthousiasmes, les colères, les douleurs de ce peuple qui, souvent s'honora en lui donnant ses suffrages. L'hommage de Paris à celui qui célébra si magnifiquement ses gloires et ses deuils, s'est manifesté déjà par la consécration à son souvenir du musée de la place des Vosges et voici qu'à ce logis de l'aube triomphale va pouvoir s'ajouter, dans le patrimoine de la Ville, la maison sévère et douce des jours sombres de l'exil.

Quelle grandeur et quelle poésie dans ce geste, conviant ainsi Paris à veiller partout sur cette illustre et chère mémoire. La

France entière applaudira à ce geste et partagera notre émotion, notre fierté, notre gratitude.

Quand l'Assemblée aura statué, nous ferons parvenir l'expression respectueuse de cette gratitude à la femme de grand cœur, dont l'enfance fut bercée sur les genoux du poète, aux deux jeunes gens et à la gracieuse jeune fille qui, par cet acte mémorable, montrent que la hauteur de leurs sentiments est digne de la gloire du nom qu'ils portent. Et nous n'aurons garde d'oublier les deux écrivains qui ont eu le privilège d'être les premiers à recevoir la confidence de ces intentions généreuses, M. Gustave Simon, digne continuateur de l'œuvre commencée dans une intimité fraternelle avec Paul Meurice, et M. Raymond Eschollier ; au cours des conversations préliminaires, ils ont acquis un titre de plus à notre reconnaissance.

La Commission a délibéré et il appartient à son président de vous apporter ses conclusions. Je le remercie de m'avoir laissé la joie d'apporter à l'Assemblée la primeur de cette nouvelle.

CÉRÉMONIE DE LA PRISE DE POSSESSION
DE HAUTEVILLE-HOUSE PAR LA VILLE
DE PARIS

(14 *juin* 1927)

Le Gouvernement de la République, qui veille sur toutes les gloires de la patrie, a décidé de commémorer les grandes dates du Centenaire du Romantisme et en ce moment même, une exposition du plus haut intérêt attire une élite intellectuelle à la maison de la place des Vosges où, dans le rayonnement de la jeunesse et du génie, Victor Hugo, entouré du Cénacle comme d'une Cour, exerça une sorte de royauté de l'esprit.

Par une inspiration infiniment délicate, les héritiers du poète ont fait coïncider avec cette commémoration la donation magnifique qui fait entrer dans le patrimoine de la Ville de Paris cette demeure historique où notre admiration fervente évoquera toujours l'image du proscrit, du républicain inflexible dressé sur l'horizon orageux de l'Océan dans un isolement un peu farouche et comme muré dans son serment ; tantôt résigné à un exil éternel dans l'île de Guernesey « sévère et douce, dit-il, mon asile actuel, mon tombeau probable », tantôt se disant à lui-même dans une vision prophétique :

> « Tu rentreras comme Voltaire
> « Chargé d'ans en ce grand Paris. »

Quelle antithèse, quel diptyque offrent à notre imagination ces deux cadres si différents : le vieux logis de la ci-devant Place Royale rappelant à la fois les prouesses de la jeunesse galante du temps de Louis XIII et la turbulence de la Jeune France romantique — et cette maison discrète, d'apparence silencieuse mais d'où pendant quinze ans a jailli une voix qui remplissait le monde. Et ces deux maisons, ces deux sanctuaires sont désormais confiés l'un et l'autre à la garde de la Ville de Paris.

Quelle joie, quelle fierté ce fut pour nous de voir ainsi complété notre Trésor spirituel quand nous fûmes mis au courant des intentions généreuses dont la confidence avait été reçue tout d'abord par M. Gustave Simon et M. Raymond Escholier, qui à des titres divers sont les gardiens vigilants et passionnés du culte national de Victor Hugo.

Ces intentions les voici aujourd'hui réalisées avec une simplicité si touchante par celle dont le berceau rythma ici même quelques-uns des vers les plus tendres du grand-père immortel, et par les dignes héritiers de l'artiste charmant et trop modeste dont l'ombre discrète doit planer sur cette cérémonie et dont la mémoire a été si délicatement évoquée tout à l'heure.

Paris vous remercie tous du fond du cœur du dépôt sacré que vous lui confiez, Paris qui tint toujours une si grande place dans la pensée du Maître. Depuis les jeux enfantins dans le jardin des Feuillantines, jusqu'à la veillée funèbre et triomphale sous l'Arc de gloire, quel est le point esthétique de Paris qui ne ravive dans notre mémoire l'écho d'une de ses strophes ailées, le reflet d'une de ses pages étincelantes.

La première image qui s'offre aux yeux de nos visiteurs à l'Hôtel de Ville est le plafond magnifique de Puvis de Chavannes « Victor Hugo offrant sa lyre à la Ville de Paris ».

Enfin, nous ne saurions oublier, ici moins qu'ailleurs, que c'est l'accomplissement stoïque du mandat législatif que Paris lui avait confié qui ouvrit à Hugo le chemin de l'exil.

Les Républicains n'oublient pas non plus l'hospitalité que la libre Angleterre accorda au glorieux proscrit et les magistrats parisiens sont sensibles à l'extrême bonne grâce avec laquelle les autorités guernesiaises ont facilité l'accomplissement des formalités de votre vieux droit normand — ce lien moral entre nos deux pays — qui devaient accompagner le transfert de la propriété de ce vénérable édifice.

Que les autorités insulaires reçoivent donc un salut déférent et cordial au nom de la grande Cité qui eut pour berceau le petit îlot où se dresse l'insigne basilique dont un familier d'Hauteville-House a dit en un vers célèbre :

Les tours de Notre-Dame étaient l'H de son nom.

RÉCEPTION DU IIIe CONGRÈS INTERNATIONAL DES SCIENCES ADMINISTRATIVES

(23 *juin* 1927)

Messieurs,

En vous adressant nos souhaits de bienvenue les plus cordiaux et l'expression de la déférente attention que nous attachons à vos études, nous traduisons en toute simplicité le sentiment de fierté que nous éprouvons à recevoir de tels visiteurs.

La Ville de Paris se sent à juste titre fort honorée d'avoir été choisie, après la capitale de la noble Belgique, pour avoir le lieu de vos assises ; elle plaît à reporter une large part de l'honneur qui lui est ainsi fait à la lumineuse culture judiridique des maîtres de sa Faculté ayant à leur tête l'éminent doyen Berthélemy.

La joie que je ressens à l'accueillir en cette circonstance solennelle s'accroît d'une double gratitude : d'abord parce que les hommes de ma génération saluent en lui l'un des maîtres auxquels ils doivent le plus ; et en outre parce que la Ville a l'honneur de le compter parmi cette élite de juristes qui composent son comité de contentieux. J'offre donc à mon cher maître à la fois les hommages de l'ancien étudiant et celui du préfet.

Si le caractère officiel de cette cérémonie ne doit pas s'en offusquer, j'ajouterai qu'il y a entre nous un autre lien. Il remonte au temps où j'administrais un département du littoral et où je voyais le doyen se délasser de son cours en récitant des vers et en en composant, et où cependant il n'avait pas pu se dérober aux instances de ses voisins qui lui avaient infligé comme une sorte de devoir de vacances quasi professionnel, la présidence du syndicat de défense d'une plage menacée moins par la marée que par un autre flot plus envahissant, celui des touristes bruyants et dévastateurs.

Paris qui vous offre un ample sujet d'étude, se réjouit de pouvoir bénéficier largement des conclusions qui se dégageront de vos travaux.

Est-ce à vous, Messieurs, que le chef de notre Administration municipale a besoin de signaler la complexité des tâches qui nous sont habituellement proposées ! Une immense Cité où tous les problèmes édilitaires sont d'un ordre de grandeur magnifique et redoutable ; une Cité dont la vie influe puissamment sur la Nation tout entière, qui doit frayer un chemin à son développement irrésistible à travers les cadres séculaires d'une vie déjà dépassée ; une Cité où la solution des questions sociales doit concilier les vues d'avenir avec le respect pieux et tendre du plus noble passé, tel est le champ de notre activité quotidienne.

Comment, en présence d'une réalité mouvante, en perpétuel devenir, ne pas sentir le prix inestimable d'une vue systématique des choses ! Comment ne pas chercher ardemment dans les faits et les expériences ordonnées par l'esprit l'élément même de ces décisions graves qui, à tout instant, engagent l'avenir ou peuvent le contrarier !

Ces éléments, nous les recueillerons dans vos études. Et de même que la jurisprudence traduit souvent les lentes évolutions de la conscience sociale en présence des formules abstraites du droit, de même la science des faits administratifs doit dégager peu à peu ce que les règles organiques en usage contiennent encore de vie et d'efficacité, ou au contraire faire apparatre les lacunes de certains textes ou l'inutile rigidité de règles périmées.

La seule lecture du programme de vos discussions suffit à montrer avec quelle largeur de vues vous avez entrepris de conférer les faits et leurs cadres juridiques et de quel précieux secours elles peuvent être pour ceux qui ont à traduire en actes les volontés de la puissance publique.

La statue d'Etienne Marcel qui décore l'une des façades de ce Palais le représente tenant à la main la grande Charte de 1357. L'évocation de cette rude époque rappelle aux Parisiens l'importance qu'il faut attacher à certains textes, combien leur élaboration fut parfois malaisée, et quelle reconnaissance on doit à ceux qui en sont les gardiens vigilants et les doctes commentateurs.

RÉCEPTION EN L'HONNEUR
DE M. GUILLAUMIN, CONSEILLER MUNICIPAL,
ET ANCIEN PRÉSIDENT DE L'ASSEMBLÉE
ÉLU BATONNIER DE L'ORDRE DES AVOCATS
A LA COUR DE PARIS

(12 juillet 1927)

Notre Hôtel de Ville est très fier de recevoir aujourd'hui tant de visiteurs éminents; mais nous à qui incombe le devoir flatteur de les saluer nous avons bien le sentiment d'affronter l'auditoire le plus intimidant qui soit au monde. Heureusement nous avons le droit d'espérer que tout dans cette cérémonie sera influencé par le caractère de celui qui en est le héros et la bienveillance étant, mon cher Bâtonnier, l'une des vertus qui rayonnent visiblement de tout votre être nous comptons bien bénéficier de cette mansuétude contagieuse. Votre aménité déjà proverbiale est l'un des éléments de la séduction que vous exercez sans effort et dont le charme a été subi sans ré-

sistance par deux groupes d'hommes cons-
titués par des modes cependant bien différents et dont on ne saurait dire que c'est
parmi eux l'ingénuité qui domine.

Dans les deux Palais vos Collègues et
vos Confrères ont été conquis par l'ensemble de ces dons brillants et aimables qui
créent autour de vous une atmosphère de
sympathie et qui font naître spontanément
chez tous ceux qui vous approchent autant
d'admiration que d'amitié.

Au fauteuil présidentiel, dans cette Salle
même où si souvent nous « opérâmes » côte
à côte, combien tous appréciaient cette présence d'esprit qui vous aidait puissamment
surtout dans une Assemblée Parisienne à
maintenir dans nos discussions cette bonne
humeur qui est une des joies de notre Hôtel
de Ville, et combien dans les circonstances
solennelles nous étions fiers que notre grand
Paris eût comme interprète votre voix éloquente et généreuse. Aussi nous pensons
aux fêtes oratoires que réserve un bâton-
nat inauguré si brillamment et nous nous
disons que plus heureux que nous vos confrères vous conserveront deux ans au poste
où leur affection vous a élevé.

Mais la vie d'une Assemblée ne tient pas
toute dans ses actes officiels ; — les propos
qui s'échangent — dans la galerie marchan-
de peuplée de grands souvenirs ou dans nos

beaux couloirs illuminés par le reflet de nos vitraux héraldiques — lieux captivants et d'une acoustique si sonore — sont dans notre monde moderne l'équivalent de la Chronique de l'œil de bœuf. Là encore vous triomphez en souriant ; chacun se réjouit que le brillant orateur sache et daigne redevenir un causeur exquis.

Cette journée de fête a cependant pour nous quelque mélancolie. Nous sentons bien que pour un temps du moins, sinon votre cœur, au moins votre pensée, sera sollicitée plus par le Palais que par l'Hôtel de Ville, et presqu'involontairement, tant votre voisinage nous refait une âme XVIIIe siècle, nous serions tentés de soupirer le vers de Voltaire :

Ah ! ne me quittez pas, séducteur que vous êtes !

Mais non ! Rassurons-nous ! La Ville de Paris est une maîtresse à qui l'on ne saurait être infidèle tout à fait.

RÉCEPTION
DE SIR AUSTEN CHAMBERLAIN,
MINISTRE DES AFFAIRES ETRANGÈRES
D'ANGLETERRE

(31 *août* 1927)

Excellence,
Messieurs les Présidents,
Monsieur le Ministre,

Le cadre choisi pour cette cérémonie en souligne le caractère municipal. La remise entre les mains de Votre Excellence de ce somptueux volume est la réponse aux adresses si émouvantes que les Villes britanniques firent parvenir en des heures pathétiques au grand citoyen qui occupait alors la suprême magistrature et qui continue à servir la France et l'Humanité avec un éclat qui remplit le monde d'admiration et sa patrie de gratitude.

A ce geste fraternel des Cités de votre vaste Empire une élite française groupée autour d'une bonne fée dont le grand cœur et la noble pensée inspirèrent tant d'œuvres généreuses et bienfaisantes, a répliqué par cette offrande magnifique où, comme l'a dit M. le Président Briand, dans son éloquente préface « les Français les plus illustres ont, pour l'Angleterre et ses Cités, choisi longuement et comme distrait de notre patrimoine séculaire, de ce qui fait la beauté et le renom de notre sol, de sa richesse et de sa détresse, même ce qu'ils ont cru le plus significatif ou le plus émouvant ».

Par une inspiration infiniment délicate, Madame la Comtesse Greffulhe a exprimé le désir que ce message aux villes britanniques fût daté en quelque sorte du cœur de la grande Cité où se concentrent à certaines heures les plus nobles sentiments du peuple de France et vers qui, nous aimons à l'entendre dire, se tourne avec sympathie, certains ajoutent même avec tendresse, la pensée de l'univers civilisé.

La Ville de Paris est fière de la mission qui lui a été confiée et ceux qui parlent en son nom ressentent très vivement l'honneur d'offrir leur hommage à tant d'hôtes éminents au premier desquels ont tenu à prendre place, aux côtés du Président Briand, M. le Président Doumer, M. le Président Georges Leygues et M. Albert Sarraut, ministre de l'Intérieur, qui, dans les postes les plus élevés ont eu plus que d'autres peut-être l'occasion de sentir le cœur de la France battre à l'unisson de celui de l'Angleterre — et d'exprimer devant Votre Excellence qui porte si noblement un nom deux fois honoré dans les fastes politiques, les sentiments de nos compatriotes pour votre grande, loyale et intrépide Nation.

Comme il serait tentant de feuilleter devant vous ce bel ouvrage composé avec tant d'art, depuis le fac-similé du feuillet d'un manuscrit des Commentaires de Jules César où est écrit pour la première fois le nom de Lutèce, jusqu'aux autographes de nos glorieux Maréchaux rendant un solennel et chaleureux hommage aux vertus militaires des Armées britanniques.

Comme on s'attarderait volontiers à contempler et ces beaux portraits de tant de grands hommes en qui s'épanouit à travers les siècles le génie de la France et dont la pensée continue à rayonner sur le monde, et ces autres portraits d'être vivants aussi, ayant leur personnalité, leur physionomie distincte, ces portraits des villes françaises dont nous voyons défiler sous nos yeux émerveillés et parfois attendris les aspects familiers à beaucoup d'entre nous et parmi lesquelles vous avez réservé une place d'honneur à Strasbourg, à Verdun, à Metz, à Reims, qui nous apparaît, hélas ! avec ses dentelles de pierre à jamais anéanties.

Et que dirais-je des feuillets liminaires

où de grands artistes ont symbolisé la sève vigoureuse de notre sol depuis le chêne d'Armorique jusqu'à l'olivier de Provence. L'azur sur lequel il se profile est celui de la Méditerranée, mais ne nous fait-il pas songer à une autre onde limpide et paisible, celle d'un beau lac près des rives duquel, il y a deux ans, l'humanité a salué avec enthousiasme des rameaux d'olivier qui semblaient, comme dans une belle allégorie, encadrer le document vénérable signé à Locarno.

Paris s'incline aujourd'hui avec respect devant deux des hommes d'Etat qui ont pris une part capitale à ce grand acte de l'histoire.

Devant cet in-folio majestueux, me permettrez-vous, Monsieur le Président Briand, d'évoquer l'image d'un autre livre tout récent, qui, sur sa couverture toute simple et toute blanche, porte le nom dont furent signés tant de livres jaunes, un livre du format que les imprimeurs réservent d'ordinaire pour les éditions des moralistes.

Et c'est bien, en effet, un traité de morale internationale, un bréviaire de sagesse à l'usage de la Société des Nations, que constituent ces « Paroles de Paix », ce volume où sont groupées quelques-unes des pensées qui vous sont familières et que, apôtre infatigable d'une grande idée, vous qui, mê-

me dans la guerre aviez préparé la paix,
vous avez proclamées à la face du monde,
avec cette puissance de persuasion, cet accent qui a soulevé d'enthousiasme les auditoires les plus divers, et qui, hier encore,
subjuguait une assemblée où siégeaient des
élus de trente-sept Etats.

Combien il nous est doux, Messieurs les
Ministres des Affaires Etrangères, de vous
saluer ensemble au moment où, une fois de
plus, vous allez d'un même cœur servir la
même cause et affirmer votre foi ardente
dans un avenir moins douloureux que le
passé dont cette cérémonie évoque les images sévères, — avenir dont la réalisation n'a
pas de gage plus sûr que l'union indissolu-
ble des deux peuples dont nous acclamons
aujourd'hui deux illustres représentants.

RÉCEPTION A L'HOTEL DE VILLE DES
DÉLÉGUÉS DE LA IXe CONVENTION ANNUELLE
DE L'AMERICAN LEGION

(22 *septembre* 1927)

La place de l'Hôtel-de-Ville qui, au cours
de l'histoire, fut le cadre de bien des scènes
mémorables aura vu peu de spectacles aussi
impressionnants que le cortège immense et
pittoresque dont nous étions lundi les témoins prodigieusement intéressés. Et ma
pensée se reportait au 4 juillet 1917, lorsque, perdu dans la foule, je contemplais
avec émotion le défilé dans la rue de Rivoli
de la petite troupe, pointe extrême de
l'avant-garde de ce qui allait devenir, et si
rapidement, la puissante armée des Etats-
Unis d'Amérique, dont nous saluons avec
respect le chef héroïque le général Pershing.

Combien la France a lieu de se réjouir
qu'en ce dixième anniversaire, Paris ait été
choisi comme siège de la Convention annuelle de cette vaste Légion qui, parmi les

buts qu'elle se propose et que le Commandeur Savage a caractérisés dans un langage si élevé, a pour objet de maintenir entre les combattants de ces jours tragiques un lien fraternel.

C'est dans ces mêmes dispositions que vous attendaient les Français dont vous avez été les compagnons d'armes. L'illustre Maréchal Foch, Commandant suprême des Armées alliées, vous l'a dit avec une concision magnifique : « l'American Legion sera la bienvenue en France. Elle y retrouvera vivaces les sentiments qui ont accueilli le drapeau étoilé lors de son arrivée pendant la guerre, dans toutes nos provinces. » Ces sentiments, vous en avez recueilli les témoignages dans les discours qui vous ont été adressés aux différentes étapes de votre pélerinage. Deux d'entre elles doivent vous laisser un souvenir poignant : c'est votre défilé devant la tombe du Soldat inconnu et c'est votre salut au monument élevé sur la place des Etats-Unis à la mémoire des volontaires américains.

Cette statue reproduit les traits de votre compatriote Allan Seegers, deux fois glorieux puisqu'il tomba en héros et puisqu'avant de mourir, il avait légué à notre admiration ces vers sublimes : « J'ai un rendez-vous avec la Mort » qui, avec le « De Profundis » de Jean-Marc Bernard et le « Chant de Victoire » de Raymond de la Tailhède, sont parmi les plus beaux poèmes que la guerre ait inspirés.

Au milieu des acclamations qui saluent partout votre passage, accueillez, je vous prie, au plus intime de votre cœur, l'hommage affectueux de Paris.

Nous sommes fiers de vous l'adresser en présence de M. Paul Doumer, Président du Sénat, le collaborateur de Galliéni pendant la défense de Paris, de M. Bokanowski, Ministre du Commerce et de l'Aviation qui, au moment même où vos premiers contingents retrouvaient le sol de France, apportait à votre Gouvernement et à votre peuple le témoignage éloquent de notre amitié fidèle, et de M. André Tardieu, Ministre des Travaux Publics, l'un des Français les plus populaires aux Etats-Unis.

Votre pays épris de réalisations hardies et rapides n'a pas perdu le souvenir du Haut Commissaire qui, par son habile énergie, son ingéniosité, sa puissance prodigieuse de travail collabora avec tant d'éclat à l'improvisation dont vous avez ensemble donné le magnifique exemple.

La présence à l'Hôtel de Ville de ces hommes d'Etat en un tel jour associe la France entière à notre cérémonie municipale.

Un des députés de la Seine qui eut l'honneur d'accompagner en Amérique le glo-

rieux Maréchal Joffre au moment où votre
Gouvernement prit la noble résolution de
venir se ranger aux côtés des alliés, le Colo-
nel Fabry, rappelait, l'autre jour, dans un
éloquent article, que « du 10 juin au 10
juillet 1918, les troupes américaines se bat-
tirent en avant de Meaux, reprenant à l'ennemi, dans des corps à corps furieux, le
bois Belleau et le village de Veaux ». Et il
ajoutait : « Depuis le 6 septembre 1914, on
ne s'était pas battu si près de Paris. »

Messieurs, dans ces jours d'angoisse,
vous étiez, parmi nos défenseurs, ceux qui
luttaient le plus près de nous ; aujourd'hui,
en ces heures de glorieuse commémoration,
quand nos deux peuples communient à la
fois dans ces grands souvenirs et dans un
fervent désir de paix et de travail, le cœur
de Paris bat tout contre le vôtre.

RÉCEPTION A L'HOTEL DE VILLE DES MEMBRES DU CONGRÈS DE LA FÉDÉRATION INTERNATIONALE DES TRAVAILLEURS INTELLECTUELS

(27 *septembre* 1927)

Messieurs,

Le cadre intime de cette réception doit bannir toute solennité de nos propos. D'ailleurs quand on accueille un groupement dont la Section française a l'honneur d'avoir à sa tête le Président de l' « Anticarcan », comment oserait-on risquer une phrase trop empesée ; et, bien que nous soyons en présence de délégués constituant un Congrès international, le style majestueux des Chancelleries ne paraît pas de mise aujourd'hui.

C'est donc en toute simplicité que je joindrai mon hommage au salut si cordial que vient de vous adresser M. le Président du Conseil Municipal.

Paris se manquerait à lui-même s'il cessait de témoigner aux choses de l'esprit une prédilection qui est une de nos traditions les plus chères. Si haut que nous remontions dans nos souvenirs, nous constatons l'empressement des peuples civilisés à nous confier l'élite de leur jeunesse avide de profiter de notre enseignement, et Mazarin ne crut pas pouvoir donner une consécration plus éclatante au triomphe de sa politique qu'en dédiant aux élèves des populations rattachées à la France sous son Ministère le Collège des quatre Nations qui a eu un bel avancement puisqu'il est devenu le Palais des cinq classes de l'Institut.

Sous nos yeux viennent de s'édifier les premiers monuments de la Cité Universitaire, transposition moderne et magnifique des collèges qui peuplèrent jadis la Montagne Sainte-Geneviève. La Ville de Paris se réjouit en songeant que ces belles demeures qui épargneront à vos jeunes camarades les épreuves que plus d'un d'entre vous a pu connaître s'élèvent sur l'emplacement d'une partie de ses anciennes fortifications. Cette Cité internationale à la fois docte et joyeuse est dans l'armature morale de notre pays un bastion d'un nouveau genre bien fait pour nous inspirer fierté dans le présent et sécurité pour l'avenir.

Il n'a pas dépendu de la Ville que sur d'autres points des fortifications ne s'élevassent en grand nombre d'autres édifices que l'Assemblée dédiait dans sa pensée, de préférence, au logement des travailleurs intellectuels si souvent sacrifiés dans la vie moderne. Je ne rappelle cet épisode un peu mélancolique de notre vie municipale que pour en retenir les intentions bienveillantes dont le Conseil est animé envers vous. Il en a donné une marque significative en adoptant d'enthousiasme la proposition due à l'initiative généreuse de MM. Ambroise Rendu et André Gayot qui permettra d'adoucir un peu le sort de quelques hommes d'étude et de mérite pour qui le destin aura été trop rigoureux.

Vos groupements professionnels savent quel accueil déférent est toujours réservé à leurs démarches.

Si nos moyens d'action sont hélas bien limités, vous savez du moins avec quelle sollicitude fraternelle nous suivons vos efforts, car vous êtes de ceux à qui chaque pays et le nôtre en particulier doit une grande part de son prestige.

Aussi ne sommes-nous pas surpris que votre organisation internationale mais née en France et baptisée en Sorbonne — après une randonnée qui vous a conduits jusqu'à Vienne (cela n'était point fait pour étonner le poète d'Exodes et Balades) revienne vers son berceau pour y tenir un nouveau Congrès au succès duquel Paris s'associera avec son plus joyeux sourire.

RÉCEPTION A L'HOTEL DE VILLE DE M. JAMES WALKER, MAIRE DE NEW-YORK

(Septembre 1927)

Monsieur le Maire,
Mesdames,
Messieurs,

Le nom aimé de l'Amérique figurera sur de nombreuses pages de notre Livre d'Or en cette année 1927. Les échos de notre Hôtel de Ville retentissent encore des acclamations frénétiques en l'honneur de votre charmant et miraculeux Lindbergh, — du salut enthousiaste que Paris a réservé au Commandant Byrd et à ses intrépides compagnons dont le voyage fut préparé avec tant de sollicitude par M. Wanamaker, ainsi qu'à Chamberlin et Levine qui complètent cette pléïade héroïque dont les vols prodigieux laissent comme un lumineux sillage dans le ciel qu'ils semblaient avoir conquis, mais qui inflige, hélas ! à leurs émules, moins heureux mais aussi grands, une sorte de revanche farouche de la nature, comme humiliée d'avoir subi l'emprise répétée du génie humain.

Demain, la France entière accueillera fraternellement la Légion dont la présence au milieu de nous évoquera tant de chers et glorieux souvenirs.

Aujourd'hui, Monsieur le Maire, c'est à votre personne respectée et à la grande Cité que vous représentez si dignement que vont nos hommages et nos souhaits de bienvenue.

Nous savons que c'est un sincère ami de la France qui nous fait aujourd'hui une visite très souhaitée par nous. New-York est le port de débarquement de presque tous les Français qui ont la joie d'aller voir votre magnifique pays, de presque tous vos compatriotes qui accomplissent le pèlerinage de Paris. Cet échange perpétuel de pensées, de sentiments entre nos deux villes crée entre elles une affinité que l'histoire de nos deux pays transforme en sympathie étroite et cordiale. Il nous est doux de penser que cet état d'esprit n'est nulle part plus vivace que dans le cœur du premier magistrat de votre Cité et nous n'ignorons pas que cette amitié agissante ne s'exerce pas seulement dans le cadre municipal, mais que votre grande autorité morale d'homme d'Etat due à la **fois à votre caractère et à vos hautes fonc-**

tions et dont le rayonnement s'étend à l'Union tout entière, sera toujours dans les circonstances importantes mise au service de notre pays.

Nous nous réjouissons de voir à vos côtés quelques-uns de vos précieux collaborateurs et d'éminentes personnalités qui, comme vous, ont au cœur l'amour de la France.

Enfin, notre plaisir s'accroît de pouvoir saluer pour la seconde fois, en cet Hôtel de Ville, Mme Walker, qu'accompagnent aujourd'hui plusieurs de ses gracieuses compatriotes. Paris, très sensible aux suffrages qu'on veut bien lui décerner, a une prédilection pour les suffrages féminins ; mais Paris n'est pas ingrat et il sait un gré infini aux visiteuses qui viennent ajouter à son charme et à sa parure. Cette forme du libre-échange ne peut éveiller les susceptibilités des assemblées les plus ombrageuses — car si nos deux Cités procèdent sur certains points d'une esthétique bien différente, un sourire est partout du même style et partout réalise l'unanimité.

RÉCEPTION A L'HOTEL DE VILLE D'UN GROUPE DE BIBLIOTHÉCAIRES AMÉRICAINS

(12 *septembre* 1927)

S'il est une catégorie d'hommes qui, par une tendance professionnelle, doivent apprécier la brièveté, c'est bien l'honorable corporation des bibliothécaires, dépositaires de tous les monuments de la pensée et qui, devant leurs kilomètres de rayons toujours insuffisants, peuvent être parfois tentés de trouver que beaucoup de paroles dites et écrites n'étaient point indispensables.

C'est donc très simplement que je joindrai, au nom de l'Administration, mon salut cordial à celui qui vient de vous être adressé, au nom du Conseil Municipal.

La Ville de Paris est heureuse qu'à la veille de la grande Semaine qui se prépare, un groupe important d'intellectuels se présente comme l'avant-garde de la Légion immense qui évoquera parmi nous tant de glorieux et émouvants souvenirs.

Votre visite nous touche d'autant plus que nous savons combien le culte du Livre est pratiqué avec ferveur dans votre grande République. Nous en avons sous les yeux

un exemple permanent par le fonctionnement de l'Association qui, en une seule année, a répandu dans l'ensemble de la France plus de 100.000 volumes de langue an-
glaise. Et la poésie entre pour une large
part dans ce chiffre impressionnant. Comment s'en étonner quand on sait que l'ani-
mateur de cette association est M. Burton
Stevenson, à qui vous devez la publication
d'une anthologie de quatre mille pages —
rien que de vers lyriques, sans compter
un supplément à lui seul très majestueux.

Votre amour des livres s'affirme aussi
d'une autre manière ; nos pauvres amateurs français ne peuvent plus guère satisfaire leur passion innocente, mais devenue
trop onéreuse, — c'est une petite consolation pour eux de penser que ces beaux livres
iront porter dans les fastueuses bibliothèques de vos Universités ou dans les collec-
tions de vos Mécènes, des témoignages du
charme de nos écrivains, du talent de nos
graveurs, du goût de nos relieurs, et que
cela contribuera à faire encore mieux aimer
notre pays par l'élite de vos compatriotes.

Des visites comme celles-ci ne peuvent
que resserrer des liens si anciens, si forts
et si doux et c'est dans cette espérance
qu'au nom de notre grande Cité je salue
en vous très fraternellement des concitoyens de la Cité des Livres,

REMISE PAR S. M. LA REINE AMÉLIE
DE PORTUGAL A LA MUNICIPALITÉ PARISIENNE
DE L'EPÉE D'HONNEUR
OFFERTE EN 1841 PAR LA VILLE
AU COMTE DE PARIS

(19 *octobre* 1927)

Madame,

Cette épée, qu'en un jour d'allégresse, la Ville de Paris avait déposée auprès d'un illustre berceau, deux princes l'ont souvent contemplée avec mélancolie pendant les longues heures de l'exil.

Aujourd'hui, Votre Majesté veut bien venir Elle-même présenter à la Ville cette relique touchante d'un noble passé. Cette démarche dont nous sentons tout le prix, dictée par l'élan d'un grand cœur français, nous permet de confondre dans une même gratitude Celui à qui son patriotisme inspira une telle libéralité et Celle qui en assure l'exécution avec une bonne grâce toute **royale.**

RÉCEPTION A L'HOTEL DE VILLE
DE SA MAJESTÉ LE ROI D'EGYPTE

(20 *octobre* 1927)

Sire,

La visite de Votre Majesté apporte au peuple de Paris une grande fierté et une grande joie. Il est heureux d'acclamer le Souverain d'un pays dont le nom évoque avec une sorte de magie quelques-uns des tableaux les plus émouvants de l'Histoire universelle ; dans les livres sacrés comme dans les livres profanes les pages les plus pathétiques peut-être sont celles où resplendit ce nom prestigieux de l'Egypte,

> Sol sacré des hiéroglyphes
> Et des secrets sacerdotaux
> Où les sphinx s'aiguisent les griffes
> Sur les angles des piédestaux.

Et notre peuple si sensible à la poésie auguste et un peu mélancolique du Passé, salue en Votre Majesté le Roi moderne, familiarisé dès l'enfance avec la culture la plus raffinée de l'Europe, pouvant faire le tour du monde et partout ou presque, s'exprimer dans la langue du pays, le grand politique qui a su assurer l'épanouissement magnifique de ce qu'il y a de plus ardent et de plus noble dans le sentiment national.

Nous savons de quelle sollicitude sont entourées par votre Gouvernement les institutions qui, dans votre Royaume, portent le témoignage toujours vivant de la part si active prise par la France à la vie scientifique et économique de l'Egypte. Le diplomate éminent qui, avec tant de bonne grâce, est au milieu de nous l'interprète fidèle de votre pensée et de votre cœur, a bien voulu, au cours d'une cérémonie récente au Louvre, rappeler ces liens séculaires en termes aussi éloquents que délicats.

Pour toutes ces raisons, Votre Majesté voit donc monter vers Elle à la fois l'acclamation de nos élites intellectuelles et celle des masses populaires de cette grande Cité.

Notre Livre d'Or enregistrera précieusement la date de cette visite qui nous vaut l'insigne honneur d'offrir une fois de plus dans cet Hôtel de Ville l'hommage respectueux et reconnaissant de Paris à M. le Président de la République et à Monsieur le Président du Sénat, entourés des membres du Gouvernement en qui la France unie et confiante salue avec gratitude les artisans de sa sécurité et de sa grandeur.

Célébration a l'Hotel de Ville
du Centenaire de Marcelin Berthelot

(24 *octobre* 1927)

Messieurs,

La gloire de Marcelin Berthelot va, pendant cette semaine jubilaire, recevoir de l'élite du monde civilisé les hommages les plus éclatants. Appelé par ma fonction de magistrat parisien à l'insigne honneur de parler de ce grand homme devant une pareille assistance, j'ai une double raison d'apporter dans les paroles que je dois prononcer une réserve où mes auditeurs indulgents voudront bien voir la forme la plus élémentaire du respect.

Sans entreprendre de retracer cette œuvre immense et géniale, je voudrais uniquement souligner les raisons pour lesquelles les plus humbles parmi les Parisiens — et c'est de ceux-là surtout qu'en un pareil jour je voudrais me faire l'interprète — comprennent que c'est pour eux un devoir dont ils sentent la noblesse de s'associer avec simplicité et ferveur à la glorification d'une grande figure un peu sévère peut-être, mais qui dans la hiérarchie humaine occupe un rang exceptionnel.

Le peuple de Paris, si sensible à la grandeur morale, surtout quand il a la joie de constater que chez un être supérieur le cœur va de pair avec l'esprit, peut trouver en Berthelot un de ces hommes vers qui le porte un élan sans réticence car il en sait assez de son œuvre, de sa vie et de sa mort pour vouer au savant sa vénération, au citoyen sa gratitude, à l'homme son admiration émue.

Le savant, l'homme qui connaît les secrets de la nature, qui peut capter ses forces mystérieuses, a toujours exercé sur l'imagination populaire une sorte de fascination où se mêla peut-être jadis un certain effroi, mais la science s'humanise de plus en plus et nul plus que Berthelot n'aura contribué à populariser l'image du Savant moderne à qui rien d'humain ne demeure étranger, pour qui les spéculations les plus transcendantes aboutissent sans effort aux conclusions pratiques, dont la pensée sereine, sans interrompre sa méditation au sommet de la tour d'ivoire, ne dédaigne pas d'abaisser son regard sur l'humble labeur des gens de la plaine et qui se réjouit en songeant qu'il pourra le rendre moins rude et plus fécond.

Une telle âme ne peut rester indifférente aux problèmes politiques et sociaux. Il est bon que parfois ceux qui ont su faire jaillir la vérité de leur laboratoire ne la laissent pas toute seule cheminer à l'aventure mais prennent soin de la promouvoir et de la défendre au besoin dans le tumulte des assemblées. Berthelot se prêta donc à cette forme de l'action et il le fit avec une sorte de bonne foi candide, ne cherchant pas à plaire et ne craignant pas de déplaire, apportant avec un tranquille courage dans les moments où il le fallait l'appui de son nom illustre au parti qui était fier de le voir à sa tête et aux groupements philosophiques qui revendiquaient avidement son glorieux patronage.

Deux fois il accepta d'entrer dans les Conseils du Gouvernement donnant à l'Université la joie — qu'elle a eu la bonne fortune de retrouver — de voir à sa tête non seulement un grand Maître, mais un Maître — et plus tard, au quai d'Orsay, apportant à la République un surcroît de force, puisque son porte-parole dans le monde ajoutait à l'autorité de sa fonction le prestige incomparable d'un nom entouré d'une gloire universelle.

Mais après l'hommage dû au savant et

au citoyen, Paris voue à la mémoire de Berthelot un hommage plus intime, parce qu'il sait que dans ce grand cœur ont fleuri les sentiments les plus délicats et les plus tendres.

L'amitié de Renan et de Berthelot est dans l'histoire morale du XIXe siècle un des traits les plus célèbres et les plus attachants. Il faut remonter peut-être jusqu'à Montaigne et La Boétie pour en trouver l'équivalent. Encore, les moralistes ne manqueraient-ils pas de marquer des nuances importantes. Les images que notre pensée nous présente des deux amis du XVIe siècle sont de stature fort inégale. Montaigne est le grand frère un peu condescendant ; La Boétie un cadet heureusement doué, mais fauché dans sa fleur. Berthelot et Renan nous présentent l'exemple inégalé — sauf peut-être par Gœthe et Schiller — de deux fortes personnalités s'avançant dans la vie du même pas et conservant au comble de la gloire cette intimité intellectuelle confiante, égale, sereine, qui avait été leur viatique depuis le temps où ils n'étaient encore que des étudiants obscurs.

De quel rayonnement une âme si haute illumina le foyer familial, ai-je besoin de le rappeler ? Si les laboratoires qui sont les sanctuaires de la science comportaient des vitraux décoratifs, quelle composition d'ensemble un maître aurait pu faire en groupant autour du Chef de famille tant de fronts altiers éclairés du reflet du regard paternel. Mais un autre visage surtout fixerait nos yeux attendris. Lequel de nous peut, sans une émotion profonde, évoquer l'heure affreuse et sublime où deux cœurs qui n'avaient battu que l'un pour l'autre ont cessé de battre en même temps. Le génial poète de Tristan n'a rien imaginé de plus poignant que cette mort unique couronnant deux nobles vies, comme si « l'obscure cause première » avait voulu, pour exalter nos âmes, nous montrer la science et la poésie se rejoignant très haut dans l'infini de l'Idéal et de l'Amour.

INAUGURATION DU BUSTE
DE GEORGES CAIN AU MUSÉE CARNAVALET

(29 *octobre* 1927)

Au temps où, provincial nostalgique, je prolongeais par la pensée l'enchantement de brefs voyages *ad limina præfectorum* en lisant assidûment des ouvrages consacrés à notre cher Paris, les livres de Georges Cain étaient de ma part l'objet d'une prédilection que vous comprenez tous.

A combien de nos concitoyens ces ouvrages ont-ils révélé le charme, le passé, la poésie, la séduction de Paris !

Et je ne me doutais guère qu'un jour viendrait où, en qualité de magistrat parisien, en présence d'un homme d'Etat qui aurait pu se contenter, s'il l'avait voulu, d'être un grand homme de lettres et à qui je dois ma première préfecture, j'aurais l'honneur de saluer dans des circonstances aussi solennelles l'image de celui qui fut pour tant d'entre nous un initiateur. Aussi comme cette vocation le prédestinait à ce cadre où s'exerça si utilement son activité ingénieuse et infatigable !

Dans beaucoup de villes d'Italie, le baptistère est en face de l'église un édifice à part. Je me dis parfois que de nos sanctuaires municipaux parisiens, si le Petit Palais est notre basilique, si la maison de Victor Hugo est un peu l'autel privilégié, si Cernuschi est une pagode un peu lointaine — et si discrète — réservée aux rites mystérieux, Carnavalet c'est vraiment le baptistère dont le visiteur fervent sort en état de grâce et conquis pour toujours au culte que nous avons tous au cœur pour notre ville incomparable.

Au nom de tous ceux qui ont dû à Georges Cain le meilleur de leur initiation, j'apporte à sa mémoire l'hommage de notre admiration et de notre gratitude.

RÉCEPTION EN L'HONNEUR DU CINQUAN-
TENAIRE DE LA FONDATION DE LA FACULTÉ
LIBRE DE THÉOLOGIE PROTESTANTE

(10 *novembre* 1927)

Messieurs,

Si j'osais au salut déférent et cordial que
vous adresse le magistrat parisien joindre
quelques impressions personnelles, j'aimerais évoquer la petite île du pays d'Aunis
où s'écoula mon enfance, où sont encore
vivaces les souvenirs des lointaines épreuves infligées à vos anciens, humble banc
de sable dont les habitants subirent non
sans honneur le contre-coup des événements
qui se déroulèrent dans le cadre austère de
notre grande voisine La Rochelle.

Les hasards de la carrière administrative
me firent débuter à Montauban où j'eus le
spectacle de la vie discrète de votre sœur
méridionale la faculté aujourd'hui transfé-
rée à Montpellier, à laquelle quelques-uns

d'entre vous gardent sans doute un souvenir attendri.

Ses vieux bâtiments voisinaient avec un couvent d'Ursulines, au bord du Tarn dont les eaux rougeâtres reflétaient amicalement ces deux façades presque symétriques. A certaines heures, en suivant la rue étroite et déserte qui séparait les deux édifices, on pouvait entendre simultanément monter sous la splendeur du ciel du Quercy les psaumes traduits en vers français par Marot, Théodore de Bèze et Conrart et les litanies latines de la Vierge, cependant que les deux jardins parallèles, où la vigne du Seigneur recevait une culture différente, mêlaient leurs branches et échangeaient leurs oiseaux qui, dans leur style, chantaient eux aussi la gloire de Dieu.

Une autre étape de ma vie errante plaça sous ma juridiction le Mas d'Azil aux tragiques souvenirs. J'ai donc été maintes fois convié à méditer sur quelques-uns des épisodes que votre âme fidèle peut évoquer avec fierté.

L'énergie indomptable et s'il le faut un peu farouche, la sincérité intransigeante avec soi-même, le respect scrupuleux de la dignité de la personne humaine, voilà les vertus qu'une forte discipline a, depuis plusieurs siècles, cultivées en vous. Elles se réchauffent et s'exaltent à ce foyer de vie spirituelle dont nous célébrons aujourd'hui le cinquantenaire. Notre Hôtel de Ville qui tient à honneur de s'associer à toutes les manifestations de l'activité intellectuelle ne pouvait rester indifférent à la commémoration de cette date.

Paris fidèle à sa glorieuse tradition, très fier de sentir que plus que jamais il est le rendez-vous universel de tous les nobles esprits voués aux tâches inspirées par un haut idéal ne peut qu'entourer d'une sympathie respectueuse cette élite de penseurs, d'exégètes, de moralistes, dont l'exemple et le talent président à la formation de ces orateurs qui, pleins d'un zèle apostolique, iront dans nos provinces et dans des pays lointains — et nous sommes heureux de saluer ici de si nombreuses et si brillantes délégations étrangères — promouvoir le culte de la vérité, la pratique du libre examen et qui, par leur rayonnement, leur élan fraternel, leur sérénité, accroîtront encore aux yeux du monde le prestige de notre France bien aimée.

RÉCEPTION DE L'ASSOCIATION DES MAIRES DE FRANCE

(*Décembre 1927*)

Messieurs,

Lorsque j'ai reçu le programme de votre Congrès j'ai eu l'impression, en lisant votre lettre, que ce que j'avais sous les yeux était tout autre chose qu'un simple document administratif.

J'y trouvais en effet réunis quatre noms d'amis et chacun d'eux évoquait pour moi d'aimables souvenirs, me rappelait divers moments de ma carrière, qui m'a conduit dans tant de départements.

Je vous ai dit déjà l'année dernière, mon cher Président Bellamy, quelle joie c'était pour moi de vous saluer dans ce beau Palais municipal, moi qui fus si souvent votre hôte dans votre cher Hôtel de Ville de Nantes, au charme archaïque si discret et si délicat, où depuis tant d'années s'exerce votre activité féconde, et vers lequel se tournent instinctivement un grand nombre de vos collègues quand ils ont une difficulté à résoudre, sûrs de trouver une consultation prompte et loyale auprès de celui que chacun proclame un grand Docteur ès sciences municipales.

A côté de votre nom figurait celui d'un de vos collègues que l'état de sa santé éloigne malheureusement de nous, M. Marcombes, maire de Clermont-Ferrand. Que j'aurais eu de plaisir à revivre avec lui le temps où j'étais son voisin et où j'admirais l'ingéniosité avec laquelle, par d'heureuses transformations, il s'attachait à corriger l'aspect un peu sévère de sa vieille cité bâtie de laves !

Le nom de votre Trésorier, M. Decros, maire des Lilas, nous ramène à Paris, car la banlieue c'est déjà Paris, maintenant que le Mur est tombé ; mais, hélas ! toutes les difficultés ne sont pas tombées avec lui et les problèmes à résoudre se posent plus nombreux et plus angoissants que jamais. Aussi, combien nous est nécessaire le concours vigilant de ces Maires de la banlieue qui, sans avoir les moyens d'action que nous avons à Paris, ont à faire face à des besoins que l'exode de la population ne cesse d'accroître. Je saisis avec empressement l'occasion qui m'est offerte d'exprimer ma très vive gratitude à ces précieux collaborateurs.

Et enfin, votre quadruple message portait en tête le nom que je cite le dernier, puisqu'il est ici chez lui — c'est votre nom, Monsieur le Président du Conseil Municipal, qui, continuant la tradition de votre éminent prédécesseur, prodiguez les attentions les plus aimables à celui qui est votre compagnon dans toutes les cérémonies ; me permettrez-vous d'ajouter que je sens, et j'en suis très touché, que la courtoisie du Président se double à mon égard de la cordialité de l'ancien collègue ?

Ensemble, il nous est doux de faire les honneurs de l'Hôtel de Ville de Paris à une élite de tous les Maires de France.

Nous sommes heureux de penser que c'est dans nos salons historiques que se déroulent leurs débats. L'année qui s'achève en prouve l'efficacité, car la réforme administrative profonde réalisée par le décret du 5 novembre, dont le Ministre de l'Intérieur commentait hier éloquemment le caractère et la portée, a consacré sur beaucoup de points les vœux émis par vos Congrès, où vous apportez votre vaste expérience, votre noble indépendance qui est l'essence même de l'esprit municipal, votre dévouement passionné à l'intérêt général.

Je salue avec respect dans les Maires de France l'une des principales forces morales de la République.

Conseil Municipal

(Séance du 31 décembre 1927)

Réintégration d'agents révoqués

Messieurs, la question posée par M. Castellaz comporte à la fois une question de fait et une question de droit : je m'expliquerai brièvement sur l'une et sur l'autre.

Pour la question de fait, elle se ramène, à mon avis, à cette réflexion de bon sens qu'une société — je ne parle pas d'une société financière, mais d'une organisation humaine, quelle qu'elle soit — ne peut pas vivre sans un minimum d'autorité. Tout l'art est d'amener les gens à vivre les uns avec les autres et, dans les rapports de hiérarchie, il y a toujours un minimum de convenances qui est indispensable.

J'en ai eu la preuve dans la conversation très cordiale que j'ai eue avec les délégués du personnel qui m'ont entretenu de ce cas. Je leur ai dit : « Croyez-vous qu'il soit possible, quand il y a un dissentiment entre un chef, un contrôleur et un agent sur la plateforme d'un tramway, que l'un vienne dire à l'autre : « Vous êtes un « potentat, vous êtes un homme qui fait « rougir de honte, et nous espérons bien « que votre règne va finir. »

Si des dialogues de cette aménité s'instituaient couramment entre un contrôleur et un agent de service, le public lui-même ne dirait-il pas : « Ah non ! en voilà assez ! »

Et, je l'ai demandé à mes interlocuteurs, croyez-vous que l'offense soit beaucoup moins grave pour avoir été portée à la connaissance des milliers de lecteurs d'un journal que si elle avait été portée à la connaissance de cinq ou six personnes se trouvant sur la plateforme d'un tramway ?

Nous sommes d'accord sur les prémisses du raisonnement : il faut pour qu'une organisation vive qu'il y ait un minimum d'égards des uns vis-à-vis des autres. Et je suis le premier à reconnaître que ce sont les chefs qui doivent donner l'exemple. Si, quand on a l'honneur d'être investi d'une autorité, si modeste qu'elle soit, on en mésuse, si l'on se permet une grossièreté à l'égard d'un subordonné, cela excuserait toutes les répliques. Dans la conversation que j'aurai avec la Société des transports en commun de la région parisienne, je ne manquerai pas de m'inspirer de ces principes élémentaires.

Voilà pour la question de fait. Quant à la question de droit, je voudrais la traiter un peu plus longuement. Elle pose, Monsieur Castellaz, un problème qui me paraît infiniment grave, car, si l'on adoptait votre thèse et si on voulait l'appliquer dans tous les cas, le personnel serait le premier à nous dire : « Ah ! n'allez pas jusque-là ! »

Je vous en donnerai quelques exemples.

La thèse de M. Castellaz peut être assez séduisante au point de vue abstrait : Du moment, dit-il, que nous avons dans notre législation des textes qui prévoient la répression de l'injure et la diffamation, à aucun moment, personne, en dehors des tribunaux judiciaires, ne devrait retenir un fait susceptible d'être qualifié d'injure.

Eh bien, Monsieur Castellaz, je crois d'abord que vous méconnaissez un principe fondamental, qui est le parallélisme de deux juridictions qui peuvent opérer quelquefois sur les mêmes faits, mais dont l'action est indépendante. Toutes les juridictions disciplinaires savent très bien qu'il y a des faits qui peuvent ne pas être un délit et qui sont cependant une faute administrative : par conséquent, il y a des circonstances où il tombe sous le sens qu'une juridiction administrative peut retenir un fait sans que la question puisse se poser de savoir s'il faudrait, auparavant, demander à l'autorité judiciaire de se prononcer.

Mais je vais plus loin. J'abonde pour un instant dans votre sens et j'admets qu'on veuille ériger en principe que, dans tous les cas, il faudra qu'on demande à l'autorité judiciaire de se prononcer sur un fait qui est susceptible de relever de sa compétence et que, jamais, en aucun cas, une autorité disciplinaire ne retiendra le fait susceptible de retentir dans le domaine judiciaire.

Ah ! Monsieur Castellaz, si jamais dans votre vie vous êtes appelé à exercer le pouvoir disciplinaire, si, en qualité de chef, vous avez, comme tous ceux qui, investis d'une autorité, ont eu à le faire en certaines circonstances, à vous poser le problème dans toute cette rigueur, vous serez vous-même effrayé des conséquences auxquelles cela vous conduirait.

A qui n'est-il pas arrivé, étant le chef d'un nombreux personnel, de se trouver en face d'une de ces défaillances humaines qui ont bien des circonstances atténuantes ? Cependant, si on voulait s'enfermer dans votre formule — et vous êtes un homme trop logique pour douter que si on a des **principes il faut les appliquer dans tous** les cas — et qu'on se trouve, par exemple, en présence d'un père de famille qui aura commis un acte pouvant être envisagé sous deux aspects, le côté purement professionnel, disciplinaire, et le côté pénal, devrait-on toujours l'envoyer devant le procureur de la République ?

Saisis de pitié, entre les deux actions, nous optons pour l'action purement disciplinaire qui se déroule devant des conseils qui peuvent juger humainement les choses humaines, ce qui n'est pas toujours possible, dans la rigueur des textes du droit pénal, quand on a mis en mouvement l'appareil judiciaire.

Laissez au Préfet le soin d'apprécier moralement . Ne venez pas nous dire : « Il y a injure, mettez en branle l'appareil judiciaire pour savoir si le propos est injurieux, et revenez devant le Conseil de discipline qui fixera la peine. »

Il faut laisser à l'autorité responsable le soin de faire régler l'affaire par le Conseil de discipline.

Il faut laisser à cette autorité le soin de s'enquérir auprès des responsables d'un service public des conditions d'application de certaines règles dans le maniement des hommes.

Dans l'espèce, y a-t-il vraiment une de **ces peines écrasantes ?**

Il n'y a eu qu'une peine : car le déplacement d'office n'est pas une peine disciplinaire.

Dans certains cas, le déplacement d'office est entouré de garanties, telles que celles qui résultent de la circulaire de M. Briand pour les instituteurs et je tiens la main à l'application de ce texte.

Mais, quand nous nous trouvons en présence d'un véritable code du personnel comme celui que j'ai sous les yeux, quand j'y vois une échelle des peines dans laquelle je ne trouve pas le déplacement d'office, j'ai le droit — je le maintiens — de dire qu'il n'y a pas eu, en l'espèce, d'application de peine disciplinaire.

Dans un service de transports en commun, je n'admettrai jamais, pour ma part, de sanctionner de mon approbation, un texte en vertu duquel on considérerait comme une peine disciplinaire le fait de déplacer un agent de telle ligne sur telle autre.

Il y a un moment où il faut tout de même pouvoir dire aux gens qui ne peuvent pas se supporter les uns les autres : « Allez-vous en chacun de votre côté ! »

Le déplacement n'a pas été une peine, ceci n'est pas à discuter.

L'autre peine a été la retenue de prime de **30 francs.**

Les peines disciplinaires sont de deux degrés : les unes ne peuvent être infligées qu'après l'instruction devant le Conseil de discipline. J'y veillerai.

Les autres, pour des fautes moindres, sont laissées à l'appréciation du chef. S'il en mésuse, il est responsable devant moi.

Etant donné les circonstances de la cause que je viens de rappeler, je n'estime pas que la Société des transports en commun de la région parisienne ait outrepassé ses droits, ait abusé de ses pouvoirs, et je ne me reconnais pas le droit de lui adresser un blâme.

Je suis assez strict sur l'application des textes pour laisser à ceux qui ont l'autorité la faculté d'user de prérogatives essentielles pourvu qu'ils ne sortent pas de la limite de leurs droits.

RÉCEPTION DE S. M. LE ROI D'AFGHANISTAN

(25 *janvier* 1928)

Sire,

Le voyage que Votre Majesté accomplit à travers les Capitales de l'Europe au milieu d'acclamations et d'hommages redoublés par la présence à ses côtés de Sa Gracieuse Majesté la Reine, révèle à l'Occident l'évolution si digne d'admiration de son peuple. Sous l'impulsion d'un Souverain qui assura l'épanouissement de ce qu'il y a de plus noble dans le sentiment national, l'Afghanistan s'engage avec hardiesse dans les voies de la civilisation et du progrès moderne. Beaucoup de nos concitoyens peut-être gardent de leurs lectures anciennes l'image de votre pays tel qu'il était au moment où l'étudiaient l'intrépide Bonvalot et le subtil Darmsteter. Bonvalot raconte que parfois, au cours d'un voyage de cent quarante-trois jours, il trompait la monotonie de la marche en traduisant à ses porteurs les fables de La Fontaine, qui les amusaient fort.

Darmsteter toujours en quête d'un idiome nouveau rapportait la traduction de poèmes où certaines écoles littéraires peuvent saluer les œuvres de glorieux précurseurs : « Que la fiancée Vérité monte sur son noir palefroi, le voile de la métaphore rabaissé sur son front. Comme anneaux de pieds, donnez-lui les clochettes de l'allitération, et suspendez à son cou un collier de rythmes mystérieux. »

La littérature la plus raffinée présida donc aux débuts des relations de nos deux pays. Nous savons que les choses de l'esprit sont au premier rang des préoccupations de votre Gouvernement.

Ceux des conseillers de la Couronne qui ont participé à la première mission diplomatique afghane retrouvent au quai d'Orsay l'illustre homme d'Etat entre les mains de qui Vali Khan, le 17 juin 1921, remettait ses lettres de créance. Cette continuité dans la direction des affaires, les événements politiques considérables qui, depuis cette date, se sont accomplis dans le domaine international, la part si large que la France et ses représentants y ont prise, tout cela est présent à l'esprit de Votre Majesté.

Et nous nous réjouissons que cette cérémonie, au cœur de Paris, permette aux sentiments populaires de vous apporter, Sire, ainsi qu'à Sa Majesté la Reine, un écho de la voix de la France tout entière et nous fournisse l'occasion de saluer avec un profond respect, Monsieur le Président de la République qui, en venant à l'Hôtel de Ville, entouré de tant d'hôtes éminents, nous donne un nouveau témoignage d'une bienveillance dont nous ressentons tous très vivement le grand honneur.

INAUGURATION DES PLAQUES
DE LA PLACE DU BRÉSIL

(28 *février* 1928)

De tout temps les gouvernements et les peuples ont cherché les gestes symboliques par lesquels il leur soit permis de traduire leurs sympathies réciproques.

Au temps où le fracas des armes dominait tout dans le monde, la courtoisie princière se plaisait à la collation de grades honoraires dans des armées souvent rivales. Cette coutume se prêtait parfois à quelque fantaisie, c'est ainsi que le roi Victor-Emmanuel II se montrait, paraît-il, très fier du titre de caporal de zouaves qui lui avait été décerné par un de nos régiments d'Afrique.

La pensée contemporaine, s'inspirant d'un autre idéal, aime à voir la fraternité spirituelle des élites s'affirmer par les hommages que rendent les Universités aux personnalités les plus éminentes des diverses Nations.

Aux décorations les plus pompeuses que confèrent les chancelleries vient s'ajouter, comme une consécration suprême, au *cursus honorum* des hommes d'Etat les plus illustres le titre de docteur *honoris causa* que leur décerne un Collège d'hommes d'étude dont la vie modeste et grave est vouée au culte de la pensée.

L'année dernière, quand nous célébrions ensemble la mémoire si noble de l'Empereur Don Pedro, nous rappelions avec émotion qu'il fut le premier souverain à revendiquer avec fierté le titre de membre de notre Académie des Sciences.

Ce précédent glorieux a porté bonheur à l'Institut dont trois classes comprennent aujourd'hui des confrères couronnés : le roi d'Italie, éminent numismate, appartient aux Inscriptions, le roi Albert Ier, paladin du Droit, avait sa place marquée aux Sciences Morales, et l'Académie des Beaux-Arts s'honore de la présence du chevaleresque roi d'Espagne et de celle de Sa Majesté la Reine de Roumanie, à qui fut réservée la gloire de réaliser dans ce cadre auguste une conquête mémorable du féminisme.

C'est du même sentiment de solidarité intellectuelle que procède la tradition dont nous faisons en ce moment même une application, qui nous est particulièrement chère.

M. le Président du Conseil Municipal a caractérisé éloquemment la signification du geste de Paris, fidèle interprète de toute la France. Il a rappelé l'échange de pensées, de sentiments, traditionnel entre nos deux pays. Nous savons quelle admiration vos compatriotes professent pour nos gloires nationales et avec quelle élévation et quel succès vos hommes d'Etat ont su traduire dans leurs institutions la doctrine de nos philosophes.

C'est tout cela que symbolisent les plaques éditaires que Paris et Rio-de-Janeiro inaugurent simultanément, — comme les croyants gravent avec ferveur un nom aimé sur un ex-voto.

INAUGURATION DES PLAQUES DE LA RUE
DE MONTÉVIDÉO

(17 *mars* 1923)

Monsieur le Ministre,

Paris se félicite de l'occasion qui lui est offerte de souligner les sentiments de la France entière pour votre beau pays en dédiant une de ses rues à votre capitale, à cette ville ravissante dont tous ceux qui l'ont connue gardent, paraît-il, la nostalgie et que toute l'Amérique du Sud appelle couramment la Ville des Roses.

Paris se pique, lui aussi, d'un culte délicat pour la reine des fleurs : notre roseraie de Bagatelle a quelque réputation dans le monde : nous ne manquerons pas de conseiller aux magiciens qui veillent sur ce beau jardin d'acclimater chez nous, si ce n'est déjà fait, quelques-unes des plus rares variétés de vos roses. Les liens que noue la politique entre les Gouvernements et les peuples ne peuvent que gagner à être entrelacés de quelques fleurs.

L'Art a déjà renforcé ces liens : — nous n'avons garde d'oublier que l'un des poètes les plus exquis de la fin du siècle dernier, Jules Laforgue, nous est venu de votre pays ensoleillé ; et nous rappelons avec joie qu'en un des points les plus glorieux de Paris, dans le jardin du Palais-Royal, la France a élevé à la gloire du génie latin un noble monument dû au ciseau d'un grand artiste, Jean Magrou.

La République de l'Uruguay a généreusement coopéré à l'édification de ce beau gage d'une amitié fraternelle. Vos compatriotes savent donc de quel cœur nous les accueillons quand ils accomplissent le pélerinage de Paris.

Et quand, au cours de leurs promenades, ils découvriront sur cette plaque ce nom qui fera battre leur cœur un peu plus vite pendant quelques secondes, nous nous réjouirons d'avoir ainsi provoqué dans leurs âmes cet élan qu'un de nos poètes a évoqué dans ce vers :

Ce noble appel de l'homme à son pays lointain.

INAUGURATION DE L'EXPOSITION
DE LA VIE PARISIENNE AU XVIIIe SIÈCLE

(19 *mars* 1928)

Monsieur le Président de la République,

Pour la seconde fois, j'ai l'honneur de vous saluer avec respect et gratitude au seuil de ce beau logis, rendez-vous permanent des plus fervents zélateurs du culte de Paris.

La première fois, Mme de Sévigné elle-même semblait être revenue pour vous faire les honneurs de sa Carnavalette.

Aujourd'hui, c'est tout un cortège d'ombres charmantes qui surgissent du passé pour évoquer à nos yeux le siècle que l'on s'accorde à proclamer comme étant celui des souveraines élégances et qui aurait au moins une fois dans le cours des âges procuré à l'humanité la douceur de vivre. Nous sommes tentés de croire que la légende dit vrai; car sur la foi des peintres, nous pouvons affirmer qu'à cette époque bénie, toutes les femmes étaient jolies, quand elles n'étaient pas adorables, et les hommes avaient au moins le mérite de porter des vêtements qui n'étaient point funèbres.

M. Robiquet vous présentera tout à l'heure ces belles personnes auxquelles il offre une hospitalité, hélas provisoire — depuis l'humble Fanchon à peine arrachée au sommeil et qui, dans son très simple appareil, illumine la soupente qui abrite, pas pour longtemps peut-être, ses seize printemps — jusqu'à la grande dame se prêtant complaisamment à la fantaisie du garçonnet précoce qui, un pot à fard à la main, ajoute des roses supplémentaires au visage maternel. Quelques-unes de ces visiteuses sont venues d'assez loin à l'appel de cette galante mobilisation. Les musées de Saint-Omer, de Valenciennes et de Nantes sont ici représentés, Nantes à qui je dois bien un souvenir particulier pour son musée Dobrée, digne émule de notre Carnavalet. Que de remerciements ne devons-nous pas à Sa Majesté le Roi de Suède qui a bien voulu se dessaisir momentanément du précieux Lancret « L'attache du Patin » qui, pour ses compatriotes, est l'évocation la plus gracieuse qu'on puisse rêver du sport éminemment national. Votre diplomatie, Excellence, a permis à cette jolie Suédoise de venir faire un séjour chez nous, dans le cadre charmant des boiseries de l'hôtel de Fersen.

Mais en quel honneur Carnavalet a-t-il adressé tant d'invitations et dans un rayon aussi étendu ? C'est pour fêter ses noces d'or. Voici en effet juste cinquante ans que les livres et les œuvres d'art qui, pendant quelques années, avaient fait bon ménage dans l'hôtel où nous sommes sous le gouvernement du vrai fondateur de Carnavalet, Jules Cousin, ont divorcé à l'amiable, se trouvant trop à l'étroit pour continuer la vie commune. Les bouquins, les cartes, les statistiques sont allés chez le conventionnel philanthrope Lepeletier Saint-Fargeau ; et tout le trésor artistique est resté chez la Marquise : *suum cuique.* Cette fois au moins la Ville de Paris a résolu de façon élégante l'éternelle question du logement.

Mais ce cinquantenaire est marqué par un autre grand et heureux événement.

Les amoureux de Paris ont constitué une manière de syndicat, ce qui n'est point sans exemple.

A l'image des Amis de Versailles ou de la Bibliothèque Nationale, il vient de se constituer une Société des Amis de Carnavalet : ils ont débuté par un coup de maître : ils ont obtenu de M. le Maréchal Lyautey qu'il acceptât de les présider, très fiers d'inscrire

en tête de leur liste un nom glorieux qui est
à lui seul un gage de victoire. Aussi cette
liste est-elle déjà imposante. Si les inscrits
à ce jour ne sont pas encore aussi nombreux que MM. les Députés — je ne parle
pas des candidats — leur nombre dépasse
déjà et de beaucoup celui des Sénateurs.

Cette nouvelle Assemblée qui est décidée
à ne voter de contribution que sur ses pro-
pres membres, est heureuse de faire acte de
loyalisme en vous offrant l'hommage de son
profond respect, et c'est une raison de plus
que nous avons, Monsieur le Président de
la République, de vous remercier du grand
honneur de votre visite où tous les Parisiens
voient un nouveau témoignage de l'intérêt
que vous portez à l'un de leurs trésors spirituels les plus chers.

RÉCEPTION DES AVIATEURS
COSTES ET LE BRIX

(16 *avril* 1928)

Messieurs,

Le périple immense, sans précédent, que vous venez d'accomplir vous réservait après tant de dangers superbement bravés, une suprême épreuve sportive : le déferlement frénétique de la vague d'enthousiasme du peuple de Paris qui, vous arrachant à votre carlingue, vous a hissés sur un pavois un peu houleux, au cours d'un cortège triomphal où vous avez pu retrouver à la fois le remous des grandes altitudes au passage des Montagnes Rocheuses et quelque chose du souffle ardent respiré au-dessus du Vésuve.

A cet accueil inoubliable de notre population si sensible à tout ce qui est noble et grand ont succédé les félicitations du Chef du Gouvernement et du Chef de l'Etat : tout à l'heure encore le Ministre de l'Aéronautique vous apportait le salut de la Patrie fière du surcroît de gloire qu'elle vous doit, et maintenant, c'est à nouveau Paris qui, par la voix de ceux qui ont l'honneur de parler en son nom vous apporte l'hommage fervent et respectueux de la grande Cité.

La présence à cette cérémonie des illustres représentants diplomatiques des pays que vous avez survolés magnifiquement et de tant d'éminentes personnalités françaises ajoute encore à la solennité de cet hommage et nous remplit de gratitude.

Dans ce même Hôtel de Ville, nous avons déjà fêté vos glorieux précurseurs : notre pensée fidèle ne saurait les oublier en ce moment — comme elle s'élève, grave et recueillie, vers la mémoire des deux héros dont vous avez voulu que les noms, comme deux grandes ombres, planent avec vous dans la lumière et dans la gloire.

Votre exploit à vous se distingue des autres en ce qu'il est une longue expédition ; la durée introduit un élément nouveau dans ces efforts magnifiques, jusqu'à vous plus mesurés dans le temps.

L'ampleur de votre programme, si ponctuellement réalisé, sa préparation minutieuse, dans laquelle une part considérable revient à M. Bréguet et à la firme Hispano-Suiza, son exécution d'une précision mathématique, tout cela implique la synthèse, à un degré miraculeux, d'une science impeccable, d'une virtuosité technique inégalée, d'une endurance surhumaine.

L'imagination reste confondue devant une réussite si constante qu'elle semble modifier les relations normales de l'homme et des éléments. Vos regards qui ont plané souverainement sur l'Ancien et sur le Nouveau Monde ont vraiment eu le spectacle réel de ce qui n'était pour le poète qu'une vision géniale quand il disait :

Le monde est rétréci par notre expérience
Et l'Equateur n'est plus qu'un anneau trop étroit.

Quand on essaye de vous suivre par la pensée les mots manquent pour exprimer cette succession d'éblouissements et de vertiges ; il semble que seul un poème symphonique pourrait traduire ces impressions sublimes. D'abord le prélude du vol qui vous porte d'un trait à la pointe extrême du continent noir ; puis le *largo maestoso* avec comme base l'hymne infini des vagues de tout l'Atlantique Sud. Ce sont maintenant des variations prodigieuses, les zigzags pleins de fantaisie qui illuminent le ciel étincelant des trois Amériques. Et quel finale que ce retour fulgurant qui en une semaine, joint par un trait de feu Tokio et Paris avec le couronnement de cette journée historique du 14 avril où vos yeux ont vu l'aurore dorer le Parthénon et le crépuscule descendre sur l'Arc de Triomphe !

CÉRÉMONIE EN L'HONNEUR DES ÉVADÉS
DE GUERRE

(11 *mai* 1928)

Messieurs,

La France reconnaissante ne saura jamais témoigner trop de gratitude à ceux qui ont tant souffert pour elle. Parmi les martyrs de la Patrie, les évadés de guerre ont droit à un hommage particulier ; en eux s'est concentré le maximum de souffrance physique, de tortures morales, d'énergie farouche et l'héroïsme le plus pur — on serait tenté de dire le plus abstrait, car il s'exerçait dans des conditions excluant toutes les circonstances extérieures qui, sur le champ de bataille, exaltent les âmes et soutiennent l'enthousiasme.

Pour beaucoup d'entre vous, le prélude de la captivité, ce fut la blessure atroce qui vous laisse agonisant sur un sol ensanglanté, dans la nuit, au milieu de l'hostilité des choses ajoutée à la férocité des hommes. Puis c'est la minute ineffable du retour à la vie avec en même temps la révélation navrante de vous sentir aux mains de l'ennemi. La joie de la convalescence est empoisonnée par ce sentiment amer, la perspective de ces longs mois mornes, vides, accablants. Alors, pendant ces heures interminables, vous vivez replié sur vous-même, combinant votre plan, épargnant sur votre maigre ration la réserve clandestine qui sera le viatique du voyage dont le projet, quand on y songe de sang-froid, a quelque chose d'insensé. Quelle témérité folle, en effet, qu'une telle entreprise ! Déjouer la surveillance de vos geôliers, essuyer la fusillade tardive des sentinelles dépitées, échapper à la chasse à l'homme organisée avec tous les moyens de la civilisation, sans argent, à peine vêtu, traverser un pays dont ou ignore la langue et où on ne s'oriente que par des miracles de divination, voilà le prodige que vous avez accompli, soutenus par une énergie que seul peut inspirer le patriotisme le plus pur.

Que de fois j'ai provoqué de la part de ceux de vos camarades que j'ai l'honneur de connaître le compte rendu détaillé de leur évasion ! Un recueil de ces récits formerait un livre d'or qui serait un des plus hauts témoignages de cette période horrible et magnifique de l'histoire et comme on comprend que des hommes qui ont fait de si grandes choses aient tenu à se grouper pour évoquer ces jours de misère et de gloire et resserrer entre eux un lien fraternel.

Paris, toujours si accessible aux nobles sentiments, vous salue avec respect, se sentant ainsi le fidèle interprète de la Patrie qui se doit d'être encore plus maternelle pour ceux de ses enfants qui ont le plus souffert.

INAUGURATION DE LA PLACE DE VARSOVIE

(5 *mai* 1928)

Nous préludons aujourd'hui par une modeste cérémonie municipale à l'hommage national éclatant que la France rendra bientôt à la Pologne.

Dans ce même quartier, dans quelques mois, nous verrons se dresser le monument magnifique que notre grand statuaire Bourdelle a dédié au poète inspiré dont les chants pathétiques ont traduit autrefois les douleurs et les espoirs de la Pologne.

Ces espoirs ont été réalisés dans une apothéose par le triomphe des Alliés : une fois de plus, les armées de la France et les légions polonaises ont confondu leurs étendards et mêlé leur sang généreux.

Le Chef illustre des armées alliées réunit dans sa main victorieuse au bâton étoilé de Maréchal de France la masse d'armes d'aspect héraldique qui constitue l'insigne de sa dignité de Maréchal de l'Armée Polonaise.

Nous saisissons avec joie toutes les occasions qui s'offrent à nous d'exalter ces grands souvenirs, de resserrer ces liens de fraternité qui, à travers les siècles, ont toujours uni deux peuples si bien faits pour se comprendre. Tout rapproche leurs âmes toujours accessibles aux nobles sentiments: l'ardent amour de la liberté a, chez vous comme chez nous, inspiré les orateurs éloquents d'assemblées souvent tumultueuses; le culte de la gloire a longtemps empli l'imagination populaire du bruit sourd des chevauchées épiques de Murat et de Poniatowski — nos journées révolutionnaires avaient chez vous des contre-coups enthousiastes et tragiques — la voix de Mikiewicz faisait écho à celle de Michelet, et pour nous transporter dans une sphère où brûle une autre fièvre, nous aimons à rappeler l'accueil que la patrie de Berlioz sut faire appel à votre génial et douloureux Chopin.

Dans la sérénité de la paix, nos cœurs continuent à vibrer à l'unisson. Depuis deux siècles déjà, j'en atteste les mânes du bon roi Stanislás, nos principes esthétiques ont les plus grandes affinités. Aussi la Ville de Paris ne pouvait-elle répondre qu'avec élan à la suggestion de contribuer au fonctionnement de l'Institut français de Varsovie, en assurant la pérennité de la chaire d'Urbanisme et d'Histoire de l'Art, si bril-

lamment inaugurée par un de nos maîtres
éminents, M. Emile Bourgeois, membre de
l'Institut.

Et d'avance, il nous est doux de penser
que, dans l'avenir, quelque élève ayant suivi
chez vous le cours du savant français que la
Ville aura délégué dans votre capitale, ac-
complissant à son tour le pèlerinage de
Paris, éprouvera quelque douceur à lire sur
cette plaque le nom qui lui rappellera la
terre natale et que, dans ce site auguste,
en face de ce Champ de Mars qui fut le
cadre de tant de grandes journées de notre
histoire, il s'abandonnera, malgré la trépi-
dation de la vie moderne, à une méditation
où se mêlera la vision de nos deux Patries,
fraternelles à jamais.

Inauguration de la statue d'Eve aux jardins du Trocadéro

(11 *juin* 1928)

Il a quelques semaines, nous étions réunis dans ces mêmes jardins pour inaugurer la place de Varsovie et nous nous plaisions à souligner toutes les affinités morales qui unissent nos deux nations.

Nous voici de nouveau dans ce beau cadre heureux de rendre hommage au talent d'un grand artiste Polonais que notre Académie des Beaux-Arts a été fière de s'agréger comme correspondant. Le choix du sujet traité par lui avec une telle maîtrise atteste chez vos artistes un culte fervent pour l'éternel féminin, et ce n'est pas à Paris qu'on pourrait être surpris de constater une fois de plus entre l'âme de nos deux pays des tendances esthétiques très voisines et une étroite communauté d'idéal.

L'Etat en faisant l'acquisition de cette œuvre d'art de grand style a tenu à marquer sa haute estime pour le talent de votre compatriote ; et la Ville de Paris est heureuse de lui offrir l'hospitalité dans ce lieu historique au pied de cette tour mauresque dont la silhouette s'harmonise à la grâce alanguie de ce beau corps flexible et puissant, sous les feuillages rougissants de cet arbre exotique qui semble élargir l'horizon de ce jardin parisien.

Nous nous réjouissons que cette cérémonie se déroule en présence de l'illustre homme d'Etat qui dirige avec tant d'éclat la politique de son noble pays en qui Paris salue avec respect un hôte particulièrement affectionné et de l'éminent diplomate qui a depuis longtemps conquis le cœur des Parisiens.

INAUGURATION DU MONUMENT
A LA MÉMOIRE DE JOACHIM GASQUET

(12 *juin* 1928)

C'est à la veille du jour où Paris va couronner le cycle des manifestations en l'honneur de Ronsard par l'inauguration du monument qui placera sous nos yeux les images du Vendômois et de ses six compagnons, que vous avez, messieurs, la joie de rendre un solennel hommage à la mémoire du poète qui avec une noble audace prit l'initiative de la publication d'un volume collectif qu'il intitula fièrement *La Pléiade*.

Une telle coïncidence dans les annales de notre vie municipale est visiblement voulue par les dieux favorables, et aux Champs-Elyséens tout fleuris d'asphodèles l'ombre de votre Joachim ne peut manquer d'ébaucher un dialogue en strophes alternées avec celle de son illustre homonyme du Bellay.

Je vous demande surtout, Messieurs, de voir dans le rapprochement des dates de ces deux cérémonies la preuve du désir de la Ville de Paris de s'associer à la glorification des poètes ; qu'ils aient chanté sous le ciel de Touraine ou de Provence, ils sont nôtres, puisque leur œuvre a concouru à la « Déffense et illustration de la Langue Françoyse ».

Je me garderai d'entreprendre une analyse de l'œuvre de Joachim Gasquet entre l'hommage ému de son cher compagnon de jeunesse et de gloire et l'éloge académique de l'illustre écrivain qui voilà juste vingt-cinq ans présentait les « Chants séculaires » par une préface magistrale. Ce que je voudrais surtout souligner, c'est la ferveur profonde, quasi religieuse avec laquelle Gasquet parle de la vertu souveraine de la Poésie. Ecoutez l'accent de cet acte de foi :

O Ronsard ! du Bellay ! frères, maîtres, poètes !
La matière toujours de vos immenses fêtes
Est là qui nous attend, inépuisablement.
Un vers, c'est la beauté du monde en mouvement.
Hors du vent, tout languit, tout s'en va, tout s'efface
Nul, s'il ne l'a courbée au rythme de sa race,
Ne connaîtra vraiment sa vie, et l'univers
N'est rien que flamme au vent et cendre, hors du
[vers.

Chez ce fils du Midi, à la nature fougueuse, chez ce Méditerranéen dont les yeux sont emplis du double azur de la mer et du ciel, les fortes disciplines de la Grèce et de

Rome ont toujours maintenu un sens exquis de la mesure ; le rythme lui apparaît comme la forme suprême de la sagesse éternelle, et si vifs que soient les élans de l'enthousiasme, si exubérant que jaillisse en lui l'essor lyrique et pour emprunter à la langue de Mistral ce beau mot sybillin l'estrambord on sent que son esthétique et son éthique se condensent, se cristallisent dans le diamant de ce vers magnifique :

Un monde, o Poésie, équilibré par toi.

Cette âme ensoleillée a connu aussi ses heures de clair obscur. Quelle mélancolie discrète, pudique, dans ce poème : *Tristesse des choses.*

Ainsi, rien n'est à nous, tous nous quitte, tout fuit,
Et chaque soir d'amour qui tombe avec la nuit
Peut être le dernier que nous ayons à vivre.

J'imagine qu'en traçant ces vers d'une musique si coulante ce parfait latiniste écoutait chanter dans sa mémoire le distique fameux :

Omnem crede diem tibi diluxisse supremun
Grata superveniet quæ non sperabitur hora.

Hélas ! les heures que ses amis avaient le droit d'espérer pour lui nombreuses, joyeuses, glorieuses, n'ont point sonné au cadran du destin. En plein talent, en plein bonheur, sa voix a cessé de chanter, son grand cœur **a cessé de battre.**

Paris offre à sa chère mémoire un asile digne d'elle : les amoureux et les rêveurs pourront au milieu de notre vie trépidante et fiévreuse faire une halte méditative devant l'effigie du poète que ce monument associe à l'image de ce qui au monde sera la source éternelle de la poésie, et par les soirs d'été, un souffle propice pourra apporter jusqu'ici un peu des parfums du beau jardin dont nous sommes très fiers et ce sera comme une suprême et subtile offrande de la Ville au poète endormi.

INAUGURATION
DU PARC DU CHAMP-DE-MARS

(16 *juin* 1928)

Monsieur le Président de la République,

La Ville de Paris vous est profondément reconnaissante de la sollicitude que vous témoignez à ses entreprises, aux efforts de ses élus et de ses magistrats pour mettre en valeur son patrimoine en conciliant le culte d'un glorieux passé avec les nécessités de la vie moderne.

Le quartier que vous honorez aujourd'hui de votre visite assiste à l'accomplissement d'un long effort d'urbanisme dont on vient de retracer les phases et les vicissitudes et dont il convient de saluer l'habile initiateur, M. de Selves, dont le nom est toujours prononcé à l'Hôtel de Ville avec respect, affection et gratitude.

M. le Président du Conseil Municipal, dans son historique si complet, a rappelé la part particulièrement importante que prirent à cette œuvre de longue haleine certains membres de l'Assemblée Municipale, au premier rang desquels il est de toute justice de citer M. le Président Chérioux ; il a également rendu hommage au labeur persévérant, à l'ingéniosité de conception dont firent preuve les fonctionnaires de la Ville appelés à concourir à cette vaste opération administrative. Je suis heureux d'enregistrer devant une telle assistance ce haut témoignage d'estime décerné solennellement au personnel d'élite que je vois à l'œuvre et à qui j'adresse l'expression de ma reconnaissance pour sa précieuse collaboration.

Ils peuvent être fiers d'avoir contribué à la transformation qui apporte à Paris un nouvel élément de beauté. Ce vaste quadrilatère a été le théâtre de bien des scènes grandioses de notre histoire, pendant plus d'un siècle, il fut en quelque sorte le forum du peuple français. Les amoureux du passé, les étrangers qui accomplissent avec une curiosité fervente le pèlerinage de Paris se plairont à évoquer ces souvenirs pathétiques dans ce cadre rajeuni par ces frondaisons vivaces, si propices à de longues rêveries.

Adossés à ce chef-d'œuvre architectural du siècle des souveraines élégances, ils songeront que ce palais édifié par Gabriel abrite, depuis cinquante ans, une élite de bons serviteurs du pays : notre précieuse Ecole de Guerre qui contribua puissamment à former tant de grands artisans de la Victoire. La Tour légendaire qui domine tout ce paysage a désarmé ses anciens adversaires par les services qu'elle a rendus à la Science et à la Patrie ; et à ceux que pourrait déconcerter le style du grand édifice qui couronne les hauteurs de Chaillot, nous rappellerons que ce palais mauresque leur offre la plus précieuse collection qui soit sur l'histoire de notre architecture médiévale.

Les curieux d'archéologie reprendront un à un les épisodes dont le discours de M. le Président du Conseil donnait un raccourci saisissant. L'un de ces épisodes peut prêter à bien des réflexions et à de piquantes hypothèses : un projet fut soumis à Napoléon en 1812 par Naudy Perronet.

Il consistait à transformer la plaine de Grenelle en une vaste rade ou naumachie, pour la manœuvre de navires destinés aux élèves d'une école polytechnique maritime à créer à Paris.

L'immense bassin destiné aux évolutions navales et à l'instruction des jeunes marins, devait, au point de vue décoratif et somptuaire, servir de perspective au palais grandiose que l'Empereur songeait à élever au

Roi de Rome, sur la montagne de Chaillot.

Et lancé à pleines voiles, l'auteur du projet ajoutait :

« L'étendue que je donne à ce bassin ne peut pas permettre de craindre que les côtes n'interceptent les vents, et ne nuisent à la navigation dans un espace aussi considérable que les plaines de Grenelle, d'Issy, Meudon, Boulogne. Ces plaines étant remplacées par de l'eau, on aurait toute facilité de courir des bordées, puisqu'aucune montagne ou chaussée ne pourrait gêner les navires pour louvoyer. »

Cette vision que nous n'accueillons pas sans un léger sourire se réalise cependant dans des proportions plus modestes. Le bassin que nous avons sous les yeux sert aux naumachies inoffensives d'une flotte enfantine ; si bien que nos Champs-Elysées de la rive gauche, comme nous nous plaisons à le dire, font par surcroît une concurrence sérieuse aux Tuileries. La ci-devant plaine de Grenelle n'a plus rien à envier aux quartiers les plus élégants, et votre visite, Monsieur le Président, achève de la combler d'orgueil.

RÉCEPTION A L'HÔTEL DE VILLE
DES MEMBRES DE LA SOCIÉTÉ
« LES AMIS DE RENÉ VIVIANI »

(20 *juin* 1928)

Messieurs,

Paris, gardien des gloires nationales, accomplit un devoir très doux en décernant aujourd'hui son hommage à la mémoire de l'homme illustre qui par trois fois fut son élu au Parlement.

Aussi le Conseil municipal a-t-il voulu que le nom de René Viviani fût inscrit au cœur même de la grande Cité, dans l'un des quartiers de ce V° arrondissement qui fut le berceau de la vie politique de l'homme d'Etat, tout près du Palais de Justice où fut révélé chez le premier secrétaire de la Conférence le talent qui devait tant de fois retentir dans les Assemblées subjuguées et à des heures tragiques ébranler la conscience universelle, — ce même Palais où par un destin atroce devait se briser cette voix prestigieuse.

Cette âme ardente, cette éloquence si particulière qui semblait dédaigner le charme caressant de la musique oratoire mais qui atteignait à l'émotion la plus profonde par le bouillonnement de la pensée, traduite par une voix un peu rauque qui jaillissait concentrée et rapide entre les dents serrées, — tous ces dons magnifiques furent mis par Vivinani au service des déshérités de la vie.

Toutes les injustices trouvèrent en lui un adversaire implacable, toutes les grandes causes un apôtre passionné. Il fut le premier titulaire du Ministère du Travail, domaine immense où dans une activité féconde qui dura quatre années s'allièrent sa science consommée de juriste et les élans de son grand cœur. Son âme athénienne s'épanouit plus tard dans ce Ministère de l'Instruction publique qui pour les hommes mêlés à l'âpre bataille politique, doit apparaître comme une halte bienfaisante dans la sérénité du Bois Sacré.

Puis vinrent les heures tragiques où Viviani au poste le plus redoutable sut par son sang-froid dominer la situation, par son courage prendre les résolutions les plus graves et les plus viriles et par son talent traduire en paroles fulgurantes l'élan sublime du pays tout entier.

Aux côtés du Président Poincaré, il affronta les responsabilités les plus angoissantes. Leur âme fut à la hauteur de ces événements prodigieux et leurs appels pathétiques à la France et au Monde furent en ces heures inoubliables la voix même de la Patrie.

Nos amis d'Amérique gardent un souvenir impérissable de la mission de Viviani au moment décisif où les Etats-Unis obéissant au plus noble idéalisme apportaient aux Alliés leur précieux concours.

Enfin, les échos de Genève où retentirent tant de voix éloquentes rediront longtemps les discours mémorables de celui qui, en 1914, avait par son verbe magnifique exalté l'ardeur des Français combattant pour leur indépendance et qui, en 1920-1921, conviait les peuples civilisés à l'œuvre de concorde et de paix et saluait avec ferveur l'aurore des temps nouveaux.

Ainsi, dans les circonstances les plus émouvantes, l'homme que nous honorons aujourd'hui aura été l'interprète digne du grand peuple qu'il a aimé passionnément et servi de toutes les forces de son être.

Le spectacle d'une telle vie est un haut exemple : on comprend que ceux qui en furent les témoins quotidiens, ceux qui comme vous, mon cher Président, furent étroitement associés à l'action d'un tel homme, on comprend, Messieurs, que vous considériez son amitié comme l'un des plus grands honneurs de votre vie ; ces souvenirs resserrent entre vous un lien fraternel.

Il y a quelques mois vous étiez réunis pour une pieuse commémoration au petit cimetière de Seine-Port autour de la tombe où est gravé le nom de votre ami disparu. A partir d'aujourd'hui les eaux de notre glorieux fleuve refléteront ce nom à jamais inséparable du plus grand drame de l'Histoire.

La Ville de Paris partage votre tristesse et votre fierté. Elle vous remercie de vous associer dans ce Palais Municipal, sous la présidence de l'Elu des Elus du pays, à l'hommage civique que nous rendons à l'un des plus illustres serviteurs de la République.

INAUGURATION DU MONUMENT A RONSARD ET A LA PLÉIADE

(23 *juin* 1928)

Le 25 octobre 1923, au cours de la séance annuelle de l'Institut de France, le grand poète que nous venons d'entendre inaugurait la célébration du quatrième centenaire de la naissance de Ronsard par la lecture d'un discours magistral. Il y faisait revivre avec une verve dionysiaque les « folastries » de la fougueuse jeunesse qui pour se délasser de son rude noviciat de poésie, comme intermède aux leçons de grec de Jean Dorat ou à l'étude des phénomènes d'Aratus, quittant à l'aube le collège tout proche de Coqueret, se rendait en cortège bachique à Arcueil et au cours d'une de ces expéditions à la fois doctes et burlesques ressuscitait la cérémonie antique du bouc enguirlandé pour célébrer le succès de la *Cléopâtre* de Jodelle.

Et pour couronner ce lustre tout rempli

de lyrisme, en ce grand jour, presque le plus long de l'année, jour vraiment Apollinien, M. Pierre de Nolhac — qui dans « Ronsard et l'humanisme » paraît avoir reçu les confidences de la pensée du Maître, qui dans un volume tout récent a noté subtilement les battements amoureux de son cœur — M. Pierre de Nolhac vient, au nom du Comité, remettre à la Ville de Paris le beau monument de MM. Rouzaud et Camille Lefèvre, élevé à Ronsard et à ses six compagnons.

Nous accomplissons donc sous une forme plastique le vœu qu'il y a cent ans Sainte-Beuve formulait dans le sonnet célèbre, qui est une de ses œuvres les plus parfaites ; ce sonnet est vraiment comme le tabernacle en or pur de ce vaste temple qu'est son tableau de la poésie française au XVIe siècle.

Nous nous félicitons que l' « autel expiatoire » soit érigé en face de ce Collège de France dont il vient compléter la parure artistique. Les savantes leçons qu'après M. Gaston Deschamps, M. Abel Lefranc a consacrées à Ronsard nous donnent l'assurance que les « mânes » du poète, pour continuer à cheminer avec Sainte-Beuve, sont pleinement consolées.

Voici d'ailleurs juste un siècle qu'il a pu reprendre goût à la gloire dont il était si friand. Quelle heureuse fortune de pouvoir rattacher aux fêtes du romantisme le centenaire d'un épisode fameux de notre histoire littéraire et d'enchaîner ainsi avec une guirlande de « verd laurier » la Pléiade et le Cénacle.

C'est, en effet, en 1828 que Sainte-Beuve offrit à Victor Hugo le magnifique exemplaire in-folio des œuvres complètes de Ronsard qui fut en quelque sorte l'Evangile sur lequel toute une génération de poètes enthousiastes prononçait ses vœux sous le regard d'Olympio.

Ce volume vénérable éveille dans notre esprit le souvenir d'un autre exemplaire de Ronsard — peut-être de la même édition — mais qui subit, lui, dans toute son horreur le « sort injurieux ». On connaît l'anecdote contée par Sainte-Beuve avec sa malice ordinaire.

« Il arriva à Malherbe, dans un instant de mauvaise humeur, où sa veine était à sec, de rencontrer sous sa main un exemplaire de Ronsard : il se mit à le biffer vers par vers. Comme on lui fit remarquer depuis qu'il en avait oublié quelques-uns, il reprit la plume et biffa tout. »

Quelle philosophie se dégagerait du diptyque imaginaire hélas ! de ces deux exemplaires. *Habent sua fata libelli !*

A cet hommage, tardive réparation d'injustes dédains aujourd'hui incompréhensibles, Paris s'associe avec ferveur. Paris qui a reçu tant de déclarations d'amour peut s'enorgueillir du salut que Ronsard lui adresse dans le *Bocage Royal*.

Ausone, en un vers unique et lapidaire, avait, devant la Rome impériale, lancé son cri d'extase éperdu :

Prima urbes inter, Divum domus, Aurea Roma.

Avec une ampleur magnifique, devant Paris, Ronsard exalte et décrit longuement l'objet de son amour :

> C'est toy, Paris, admirable cité,
> Grand ornement de ce monde habité,
> De tes voisins la crainte et la merveille,
> A qui le ciel n'a donné de pareille,
> Mère d'un peuple abondant et puissant,
> Heureux en biens, en lettres florissant.
> Dedans le ciel tu mets ta teste fière,
> Tu as le dos fendu d'une rivière
> Au large cours, aux grands ports fructueux;
> Tu as le front superbe et somptueux,
> Qui des voyans estonne les courages;
> Ton ventre est plein d'artizans et d'ouvrages,
> Où Pallas tient ses deux mestiers ouvers.
> Seconde Athène, honneur de l'univers,
> Je te salue.

Au nom de Paris, d'une voix que fait un peu trembler l'émotion d'un tel dialogue avec une ombre illustre et devant cet illustre auditoire, je rends au Prince des Poètes, humblement et en prose, son salut éloquent et lyrique.

SÉANCE DU CONSEIL GÉNÉRAL

(4 *juillet* 1928)

RÉVOCATION DE TROIS SECRÉTAIRES D'UN SYNDICAT

Messieurs, si je voulais, comme c'est mon droit, m'en tenir aux termes stricts de la question qui m'est posée, ma réponse ne durerait pas trois minutes.

La question est, en effet, libellée de la sorte : « Question à M. le Préfet de la Seine sur les circonstances dans lesquelles les trois secrétaires du Syndicat unitaire des travailleurs des transports en commun de la région parisienne ont été révoqués par le régisseur. »

Je pourrais, en réponse, me borner à lire les termes du communiqué que j'ai fait le jour où j'ai reçu les délégués du personnel. C'était en pleine fièvre, au lendemain des incidents qui venaient de se produire, mais mon cabinet reste toujours accessible à ceux qui viennent m'entretenir d'une affaire d'intérêt général, surtout quand elle vise le monde ouvrier. Je leur ai fait connaître qu'instruit par une longue expérience, il me paraissait opportun que la physionomie de notre entretien ne put pas être modifiée de la meilleure foi du monde, et ils ont parfaitement compris ce langage. En sortant de mon cabinet, leur ai-je dit : vous serez interrogés ; peut-être se produira-t-il quelque phénomène de réfraction qui pourrait donner à mes paroles un sens un peu différent ou une nuance qui ne correspondrait pas exactement à ma pensée ; aussi, je crois qu'il sera opportun que nous rédigions ensemble un document que nous communiquerons à la Presse.

Ainsi fut fait et c'est avec l'assentiment de mes interlocuteurs que j'ai donné le texte que je vous demande la permission de vous relire :

« En ce qui concerne la décision prise, le Préfet a exprimé l'avis qu'en prononçant la révocation des agents en congé pour mission syndicale — motif pris que ces agents avaient pénétré dans l'enceinte des ateliers ou chantiers de la Compagnie pour y exercer leur propagande — la Direction n'avait pas excédé ses pouvoirs. »

Vous me ferez la grâce de penser qu'avant de dicter un pareil texte, j'en avais bien pesé les termes. Je sentais ce qu'il pouvait y avoir de pénible pour les interlocuteurs qui se présentaient devant moi à leur notifier sans ménagement, mais avec la franchise qui est la meilleure des qualités en cette matière, mon sentiment sur le problème qu'ils venaient de me poser.

Par conséquent, je n'ai pas à répondre à l'Assemblée plus longuement sur ce point. J'ai fait connaître dès la première heure, et ayant en face de moi les victimes — je n'hésite pas à prononcer ce mot qui sonne douloureusement à vos oreilles comme aux miennes — quel était mon sentiment. En face de ces hommes qui étaient révoqués, j'ai eu le courage et la probité de leur dire : « Je crois que le patron n'a pas mésusé, n'a pas abusé de ses droits en prononçant contre vous la révocation. »

Je persiste, en effet, à penser — et des hommes plus qualifiés l'ont dit avec énergie — que ceux qui se sont mis en congé pour mission syndicale doivent avoir plus que les autres le souci de leurs responsabilités et de la mesure avec laquelle ils doivent exercer leur action.

Cette innovation déjà ancienne, cette méthode tutélaire appliquée dans le monde du travail, d'avoir des travailleurs placés dans cette situation, doit, semble-t-il, produire ce résultat excellent que tel ouvrier qui se croit molesté peut contenir les réflexes qui seraient en lui en se disant : « Je puis rester calme, parce qu'il y a quelqu'un qui est qualifié pour faire des remontrances en mon nom. » C'est là une haute mission morale dont le détenteur doit s'inspirer de sentiments très élevés et apercevoir les limites qu'il ne devrait pas franchir.

J'ajoute que quand j'ai vu des hommes qui ont ici une autorité morale considérable, qui ont une grande expérience de ces choses syndicales, dont la carrière de militant ne fut pas toujours sans risque, venir me dire : « Jamais, jamais, nous ne nous serions permis de nous introduire dans les ateliers pour y exercer notre propagande », cela m'a tout à fait rassuré.

Je vous demande pardon, Messieurs, si je parle avec un peu de chaleur ; n'y voyez que la preuve de l'intérêt passionné que je porte aux questions du travail et à la défense du monde ouvrier.

Eh bien, vraiment, je crois que des délégués, qui, délibérément, ont pénétré dans les ateliers par trois fois — car ils y sont allés chacun à des heures différentes, et comme le disait M. Grangier, il ne s'agit pas de faire de la casuistique pour savoir s'ils y ont été cinq minutes avant ou après le travail — je crois, dis-je, que ces délégués ont dépassé leur mission.

Par conséquent, je puis dire, me référant aux termes de l'ordre du jour que j'ai tout à fait répondu à la question qui m'était posée, et que je ne me croirais pas qualifié, que je manquerais à la loyauté la plus élémentaire, si je venais indiquer à l'Assemblée que je suis à sa disposition pour demander la réintégration de trois personnes à qui j'ai moi-même déclaré que cette révocation n'était pas un abus de pouvoir.

Mais étant donné la bienveillance que le Conseil général m'a toujours témoignée j'estimerais lui manquer d'égards en m'enfermant strictement dans les termes mêmes de la question qui m'est posée.

Bien que votre texte ne vise que la révocation des trois secrétaires, je ne vois aucun inconvénient à m'expliquer sur le surplus. Je le fais d'autant plus volontiers que cela me fournira l'occasion de dire à cette Assemblée — ce qu'elle sait, je l'espère — que je suis, sur ce problème, en communion d'idées avec l'immense majorité de ses membres et que j'ai le souci de ne pas m'enfermer, pour ce qui touche ces questions, dans mon rôle strictement légal. J'estime qu'à côté, il y a un rôle moral et j'espère n'y avoir pas failli.

Vous avez évoqué le souvenir de notre premier contact, car je crois bien que c'est à l'une des premières séances où j'avais l'honneur de me présenter devant le Conseil général que s'est posée la douloureuse question de la grève de 1925 ; et vous avez rappelé que, dans un très bel élan, auquel je m'étais associé, du fond du cœur, au lendemain de cette douloureuse grève dont la cause était une protestation contre les actes du gouvernement de la République, l'Assemblée m'avait donné mandat d'intervenir auprès de la Société des transports en commun de la région parisienne pour obtenir des réintégrations.

Or, je le dis avec tristesse, si un pareil mandat m'étant donné aujourd'hui, il me serait infiniment difficile de l'accepter ou de le remplir avec efficacité. Je suis très franc et je vais vous en donner une nouvelle preuve. Je crois que beaucoup d'entre vous m'approuveront.

Lorsque la révocation des trois secrétaires fut un fait accompli, vous n'ignorez pas qu'une initiative, que je blâme énergiquement, s'est produite à ce moment, qu'on a très officiellement conseillé au personnel roulant la marche garantie « au pas du bœuf » et qu'on a ordonné aux ouvriers des ateliers une demi-heure d'interruption du travail.

J'ai eu l'occasion, me trouvant en face des délégués du personnel, de leur dire avec énergie ce que je pense de pareils procédés. Je leur ai dit que, quand il s'agit d'un service public, nous tous, fonctionnaires ou agents des services concédés, nous nous devons au public, et que je considère comme une chose abominable et intolérable de dire : « Nous avons des difficultés avec nos patrons. Eh bien ! les gens qui vont à leur travail ou à leurs affaires marcheront « au pas du bœuf ». Cela, jamais je ne l'accepterai. Une attitude comme celle-là m'indispose profondément contre ceux qui l'adoptent.

L'interruption du travail est, légalement, quelque chose de choquant, moins que le reste cependant. Ce que je trouve pénible — j'allais dire odieux, mais je n'aime pas les mots excessifs — c'est de placer un camarade dans cette alternative, de lui dire : « Tu ne feras pas grève, tu iras chez le patron et tu toucheras ton salaire, mais pendant une demi-heure, tu te croiseras les bras. » Cela aboutit à faire naître, dans des milliers de consciences, ce combat douloureux : Je suis ici pour travailler, mais les camarades du syndicat m'ont dit qu'il fallait rester une demi-heure sans rien faire.

C'est les torturer, c'est abuser étrangement de l'autorité qu'on a sur les esprits que de les placer dans cette douloureuse alternative.

Qu'a fait alors la Société des transports en commun de la région parisienne ? Elle à, par une thèse qui m'a paru excessive, considéré que ceux qui, pris entre l'ordre du patron et l'ordre du syndicat, avaient opté pour l'ordre du syndicat et s'étaient croisé les bras pendant une demi-heure avaient rompu le contrat de travail.

Cette thèse, juridiquement, paraît assez habile et séduisante. Elle consiste à dire : nous ne révoquons pas ces hommes ; nous constatons simplement qu'ils ont rompu leur contrat de travail. Par conséquent, il n'y a pas de mesure disciplinaire à prendre contre eux. Ils se sont éliminés d'eux-mêmes, ils n'appartiennent plus à notre personnel.

Voilà, Messieurs, quelle a été la thèse initiale de la Société des transports en commun de la région parisienne.

Cette thèse a été abandonnée sur ma demande instante.

Je vous demande pardon si j'ai l'air de faire le moraliste et si j'ai quelquefois décerné l'éloge ou le blâme, mais si, tout à l'heure, je disais qu'il est mal d'abuser de l'autorité qu'on a sur les esprits pour torturer certains hommes, de les mettre dans une alternative douloureuse, j'estime aussi que le patron ne doit pas, même si le droit est pour lui, aller jusqu'au bout de son droit.

J'ajoute qu'il y aurait vraiment là le

summum jus, summa injuria dont parlait le droit antique et que je ne peux pas admettre qu'une interruption d'une demi-heure de travail vienne rompre un contrat qui remonte à plusieurs années.

Sur ce point, Messieurs, j'ai obtenu que le patron renonçât à sa thèse qui, juridiquement, était fondée peut-être mais qui, moralement, serait trop rigoureuse, et j'ai dit : « Ces hommes-là, vous devez les déférer au Conseil de discipline. Vous n'avez pas le droit de soutenir que le contrat est rompu exclusivement et unilatéralement du côté de l'ouvrier, mais vous êtes dans votre droit de patron en constatant qu'il y a eu une faute dans le travail, et en en poursuivant la répression. »

C'est ainsi que, dans la forme tout au moins, quelques-unes des conséquences fâcheuses ont été évitées.

Mais j'avais gardé aussi le souvenir très présent de notre premier débat sur la matière, des sentiments qui se sont manifestés dans cette Assemblée et du très vif désir exprimé par la plus grande partie d'entre vous que des conflits comme ceux-là restent aussi limités que possible.

J'ai donc eu de très nombreuses conversations avec les dirigeants de la société et je leur ai dit : « Il faut que ces situations soient examinées espèce par espèce, et notamment à un triple point de vue quand il s'agit de rupture de contrat de travail. Il y a beaucoup d'éléments à considérer, mais il y en a trois surtout sur lesquels j'attire spécialement votre attention : l'ancienneté du contrat de travail, les charges de famille et enfin les états de services militaires des hommes que vous voulez frapper. Vous ne pourrez admettre, disais-je, qu'on renvoie, sans motifs infiniment graves, quelqu'un qui a vingt-cinq ans de service, vous ne pourrez pas admettre qu'on renvoie quelqu'un qui a six enfants à sa charge, et vous ne pourrez pas admettre. enfin, qu'on puisse renvoyer quelqu'un qui est revenu du combat couvert de gloire. »

J'ai fait examiner, dossier par dossier, tous ces cas et j'ai obtenu en bataillant, je vous l'assure, et je crois que vous n'en auriez pas fait plus que moi-même, j'ai obtenu pour un nombre trop limité (à mon sens mais pour un certain nombre d'employés tout de même, des réintégrations.

Puisque vous parliez de la lenteur de la procédure, je vous dirai que j'ai obtenu, (car c'est moi qui suis le coupable en la circonstance), que rien ne devînt définitif avant que tous les dossiers n'aient été examinés.

Je crois avoir bien suivi le sentiment de l'Assemblée, en provoquant moi-même un examen, auquel mes collaborateurs ont participé. Sans doute les résultats que nous avons obtenus n'ont pas réalisé pleinement mon attente, mais ayant fait cet effort, ayant obtenu des résultats appréciables quoique insuffisants, je ne me sens pas qualifié pour le recommander avec efficacité.

Voilà les explications que je devais à cette Assemblée.

Tout à l'heure, dans une intervention un peu amère, un orateur disait que ce n'était peut-être pas la dernière des grèves. Or, je souhaiterais qu'un débat comme celui-ci fût bien le dernier que nous puissions avoir sur ce sujet. Je voudrais que, de part et d'autre, on s'inspirât d'un sentiment d'extrême prudence. C'est là le souhait que je formule.

Et s'il m'est arrivé, dans le premier débat de 1925, évoquant de très anciens souvenirs, de prononcer des paroles de sévérité à l'égard des exploitants, je dois constater qu'il y a eu dans les méthodes appliquées en cette récente circonstances quelque chose qui s'écarte des méthodes anciennes.

C'est par un vœu que je voudrais terminer : — je m'excuse d'aborder ce terrain-là, car il n'est pas le mien — et mon rôle est seulement de faire comprendre à cette

Assemblée comment j'ai appliqué des textes, dont je suis le gardien, textes en vertu desquels le dirigeant doit avoir contact avec son personnel. Mais dans un débat comme celui-là, qui est plus moral que légal, je crois pouvoir formuler le vœu sincère, du plus profond de mon cœur de magistrat et de citoyen, que l'on n'agisse pas à l'avenir avec une pareille légèreté. Je puis le dire, car il y a dans vos paroles quelque chose qui prouve que vous me donnez raison, quand vous avez constaté que dans une grève proclamée par 6.000 ou 7,000 agents, il n'y a eu le lendemain que 1.500 d'entre eux qui l'ont faite.

Il y a là des faits amers, douloureux ; j'espère que ce seront les derniers.

RÉCEPTION D'UNE DÉLÉGATION D'OFFICIERS ET DE MARINS VENUS A PARIS A L'OCCASION DE LA GRANDE SEMAINE MARITIME

(15 *août* 1928)

Je me réjouis de vous renouveler au nom de la Ville de Paris le salut chaleureux que vient de vous adresser avec tant d'éloquence M. le Président du Conseil municipal. Nous nous réjouissons du fond du cœur de l'heureuse idée que l'on a eue de donner comme apothéose à la journée du Havre cette manifestation si simple et si cordiale qui nous vaut la joie de vous saluer. Nous nous félicitons que M. le Ministre de la Marine ait bien voulu autoriser une délégation des équipages et des états-majors de la flotte à venir en villégiature — ou, pour parler correctement, *en béatitude* — dans notre bonne Ville de Paris.

J'ai des raisons particulières peut-être pour en ressentir une joie profonde. Beaucoup d'entre vous connaissent les liens si anciens et si chers qui m'unissent à ce glorieux corps de la Marine : ils remontent à ma toute petite enfance, à cette époque où, en culottes courtes et en col marin, je grimpais dans les hunes de l'*Armorique*, vieille frégate en bois que commandait mon père.

Bien longtemps après — car l'*Armorique* était devenue la *Bretagne* et le petit moussaillon que j'étais, était devenu un grave Préfet, cinquante ans après, dans les eaux de Saint-Nazaire — Préfet de la Loire-Inférieure, j'avais l'honneur d'être reçu sur la *Bretagne* qui portait le pavillon du Grand Chef qu'est l'Amiral Salaün à qui j'envoie mon souvenir fidèle et qui avait autour de lui les capitaines Herr et Pirot qui, depuis, comme dit le poète, « ont vu de l'Océan monter des étoiles nouvelles ». Si nous n'avons pas la joie de les voir parmi nous, nous avons du moins celle de posséder un magnifique Etat-Major.

Je salue avec infiniment de plaisir les représentants de la Ligue maritime et coloniale que je connais de longue date et avec qui j'ai passé des semaines, qui, ajoutées l'une à l'autre, finiraient bien par faire des mois et presque des années. Elles comptent parmi les plus douces de ma vie.

Il y a aussi entre la Ligue maritime et moi des liens plus intimes encore ; car c'est chez vous, Monsieur Rondet-Saint, dans votre « Carré », comme nous disions, dans ce joli salon du domaine que vous avez près de la Seine, près des Andelys, que j'ai passé ma dernière journée de Préfet de la Seine-Inférieure, c'était, en effet, la veille du jour où le Gouvernement de la République m'a fait l'honneur — un honneur bien inattendu pour moi — de m'appeler à la Préfecture de la Seine.

Voilà pourquoi, je puis dire que c'est la Ligue maritime qui est venue à mon aide en me donnant la remorque pour me faire passer du bief inférieur dans le bief supérieur de ma carrière administrative. Vous voyez que j'ai toutes sortes de raisons pour vous saluer à votre passage à Paris.

Et vous, Monsieur le Ministre Le Trocquer, grand et illustre compatriote, en qui je salue, moi qui suis né à Saint-Servan, un Breton de vieille souche ; vous, dont le pays n'oubliera pas les services éminents dans les postes élevés que vous avez déjà occupés ; vous, Amiral Mornet, que j'ai connu comme un propagandiste des plus éloquent et qui avez démontré une fois de plus la vérité de cet axiome suivant lequel il y a dans tout marin un diplomate qui sommeille ; vous, enfin, Amiral Guépratte, héros des Dardanelles, avec qui je puis évoquer des souvenirs bien lointains, puisque l'amitié de nos deux familles remonte à plusieurs générations ; à vous tous, je renouvelle mon salut au haut de l'échelle de Commandement de notre nef héraldique.

RÉCEPTION DES SIGNATAIRES DU PACTE
GÉNÉRAL DE RENONCIATION A LA GUERRE.

(28 *août* 1928)

Messieurs les Présidents,
Messieurs les Ministres,

Hier, dans le Palais où se déroulèrent tant de conférences mémorables, les hommes d'Etat qui dirigent les destinées du Monde ont apposé leur signature sur un document qui demeurera l'un des plus précieux de l'histoire de l'humanité. Vous en avez, en une heure solennelle, entendu un éloquent et émouvant commentaire.

Aujourd'hui, dans cet Hôtel de Ville, en ce lieu qui vit, au cours des âges, s'accomplir tant d'événements grandioses qui parfois eurent un retentissement dans l'univers entier, il semble que quelque chose de l'âme populaire vienne apporter à l'œuvre des diplomates le tribut d'admiration et de gratitude que méritent des résultats acquis par une habileté unie à tant de droiture et

par une persévérance inlassable. C'est peut-
être à l'action diplomatique que s'applique
le mieux la définition célèbre qui fait du
génie une longue patience.

Quelle ténacité n'a-t-il pas fallu pour mener à bien les pourparlers dont nous saluons avec enthousiasme l'heureux couronnement ; pour grouper tant d'éminents
interlocuteurs ; quel courage surtout pour
braver les sourires sceptiques, les prophéties ironiques proférées d'un ton supérieur
et péremptoire ! Vous avez triomphé de
tant d'obstacles d'ordre politique ou psy-
chologique et sous le regard attentif de tous
les peuples civilisés, vous venez d'accomplir un grand acte de foi.

Le Président Briand a dit : « Pour réaliser la paix, il faut y croire ; il faut se
garder d'y croire aveuglement, mais il faut
y croire profondément. »

Combien cette phrase allie heureusement
les dures leçons de l'expérience au plus généreux idéalisme. Nous le savons trop, hélas ! dans l'ordre physique les précautions
les plus minutieuses ne peuvent donner la
certitude mathématique d'éviter toutes les
catastrophes. Qui oserait cependant railler
les progrès de la Science qui multiplient
les chances de salut ?

Au-dessus de la pauvre humanité, si souvent foudroyée par le fléau de la guerre,

vous venez de compléter le réseau de protection que des accords antérieurs avaient si habilement préparé. Une fois de plus, le pays de Franklin aura apporté son précieux concours à la cause de la civilisation et du droit dont le Gouvernement de la République française fut toujours le champion infatigable et qui a trouvé des adhésions si chaleureuses auprès des Nations que vous représentez.

Paris est fier que son nom soit associé à ce grand acte qui peut marquer le début d'une ère nouvelle ; son patrimoine spirituel s'enrichit d'une date que l'humanité, plus tard, nous le croyons fermement, répètera avec ferveur, — et sa population si sensible à la gloire, si vibrante en face de toute grandeur morale, vous remercie de lui avoir accordé l'inoubliable honneur, en ces jours de concorde et d'espérance, en présence des Présidents des Assemblées parlementaires et de plusieurs Membres du Gouvernement dont le Chef est entouré d'un si magnifique prestige, de saluer avec respect les hôtes illustres qui, à nos yeux, symbolisent la conscience du genre humain.

Séance du Conseil Municipal

(7 *novembre* 1928)

Vœu déposé par M. Adrien Oudin relatif à la constitution d'un nouveau ministère sous la Présidence de Monsieur Poincaré.

M. le Préfet de la Seine. — Trois années d'une collaboration assidue, et, permettez-moi d'ajouter, cordiale, ont, je l'espère, convaincu l'Assemblée que, comme tous mes prédécesseurs, je tiens à apporter le plus grand libéralisme dans l'appréciation de la limite des pouvoirs du Conseil municipal.

Ce n'est pas quand il s'agit d'une question aussi haute et du citoyen illustre dont une inscription gravée aux murailles de cette salle proclame les services éminents rendus à la Patrie que je serais tenté de modifier mon attitude.

Cependant, nous connaissons tous assez le respect du président Poincaré pour le principe de la séparation des pouvoirs pour que chacun ici, comprenne que, les scrupules du magistrat faisant taire en moi les sentiments du citoyen, j'apporte ici, avec la discrétion qui convient, les réserves d'usage.

RÉCEPTION DES ASSOCIATIONS
D'ANCIENS COMBATTANTS A L'HOTEL DE VILLE
(11 *novembre* 1928)

Que ce soit aux heures d'angoisses et de péril, aux heures de triomphe et d'allégresse, toujours les sentiments qui font tressaillir l'âme française ont retenti avec intensité dans cet Hôtel de Ville, cœur vibrant de notre grand Paris.

Cette solidarité profonde, expression émouvante de l'unité nationale, est soulignée par la citation qui accompagne la croix de guerre dont s'est enrichi notre blason municipal : « Capitale magnifiquement digne de la France. Animée d'une foi patriotique qui ne s'est jamais démentie, a supporté avec une vaillance aussi ferme que souriante de nombreux bombardements par avions et par pièces à longue portée. A, de 1914 à 1918, ajouté des titres impérissables à sa gloire séculaire. »

C'est le privilège historique de Paris de pouvoir, par des gestes symboliques et des hommages solennels, traduire aux yeux du monde attentif les sentiments de la France entière.

Nous aimons à rappeler que tel fut bien séances des inscriptions proclamant la grace Palais fut le cadre : la remise des épées d'honneur aux Maréchaux Joffre, Foch et Pétain et l'apposition dans notre Salle des séances des inscriptions proclamant la gratitude nationale pour les artisans de la Victoire et réunissant dans un glorieux dyptique les noms des Présidents Clémenceau et Poincaré.

Cette même tradition permet aujourd'hui à ceux qui ont le grand honneur de parler au nom de Paris de saluer avec un profond respect, Chefs illustres et Soldats sublimes d'abnégation, tous ceux dont l'effort surhumain, joint à celui d'alliés héroïques, a préparé et réalisé la Victoire.

Et puisqu'en ce jour de pieuse commémoration, nos âmes graves, recueillies, communiant dans ces souvenirs sacrés, s'efforcent de revivre en quelques heures les émotions qui, pendant plus de quatre ans, les ont tour à tour exaltées et torturées, nous vous remercions, après votre pèlerinage à la tombe anonyme qui, sous l'arche triomphale, résume toute la Douleur et toute la Gloire, d'avoir accepté l'hospitalité fraternelle de cet Hôtel de Ville, de cette Maison commune qui, pour une heure, symbolisera pour vous tous les foyers français que vous avez sauvés,

RÉCEPTION A L'HOTEL DE VILLE DES MEMBRES DU CONGRÈS DES ANCIENS PRISONNIERS DE GUERRE

(17 *novembre* 1928)

Messieurs,

Une importante délégation de votre association figurait dans le glorieux cortège qui, le 11 novembre, défila autour de l'Arc de Triomphe. Pendant que se déroulait votre longue théorie, j'évoquais dans ma pensée les étapes successives des épreuves physiques et morales que chacun de vous a endurées : d'abord le choc violent que fut, dans vos âmes comme dans celle de tous les Français, le coup de tonnerre de la mobilisation ; le départ au chant de la *Marseillaise*, comme dans le bas-relief de Rude que, dimanche dernier, rencontrait votre regard après s'être posé sur la flamme pieuse et mélancolique du Souvenir ; puis les terribles angoisses du début, le redressement sublime de la Marne, puis à des dates diverses, à l'heure cruelle qu'à chacun de vous réservait le destin le supplice change: vous sortez de la fournaise mais pour subir

dans bien des cas   d'autres douleurs na-
vrantes qui ne pouvaient pas connaître la
consolation d'heures enthousiastes, car il
vous aura été donné hélas ! de traverser
vivants plusieurs cercles de l'enfer. J'ai lu,
Messieurs, beaucoup de vos récits de captivité ·: comment ne pas frissonner d'horreur et de colère en voyant quelles repré-
sailles atroces bravaient beaucoup de vos
camarades pour avoir opposé un noble refus quand on voulait les faire coopérer à
un travail dirigé contre notre Patrie.

Ce raidissement farouche et fier d'une
volonté indomptable, d'un être désarmé en
face de la force brutale, est une des formes
les plus hautes de l'héroïsme. Quel pathétique aussi dans les récits de ces évasions
où sont dépassés les épisodes les plus miraculeux des imaginations romanesques. Je
ne sais rien de plus poignant que cette
page de Robert d'Harcourt dans votre bro-
chure de propagande relatant l'abnégation
sublime de ses compagnons Stoll et Guer-
rande qui, après mille dangers, ayant à la
nage abordé au rivage de la liberté retra-
versent le Rhin pour venir au secours de
leur camarade blessé. par le coup de feu
d'une sentinelle.

Un souffle vivifiant d'héroïsme agite les
feuillets du martyrologe où sont consignés
tant de souvenirs cruels montrant ainsi que

pour le soldat français toujours le mot de grandeur, comme le veut le poète, doit, même dans les pires circonstances, être associé à celui de servitude.

Quand on évoque cette période douloureuse, il y aurait ingratitude à ne pas rappeler l'effort magnifique qui fut fait dans la France entière pour tenter d'adoucir un peu votre captivité, par l'envoi de secours et en organisant la correspondance qui vous portait dans votre lointain exil des nouvelles des êtres chers. Cet Hôtel de Ville a vu dans ce domaine, comme dans tous les autres, s'exercer l'ardent patriotisme d'hommes et de femmes de cœur à qui nous devons en ce jour une pensée reconnaissante.

Enfin sonne l'heure de la Victoire et de la Délivrance. Mais une suprême épreuve vous était réservée : celle de vous voir parfois méconnus. J'ai compris, en lisant votre bulletin, combien vous aviez amèrement souffert de cette injustice. Votre Association, en plaidant votre cause auprès de l'opinion et des pouvoirs publics, a obéi à un sentiment très noble. Vous pouvez être fiers des résultats obtenus et la Ville de Paris, en vous recevant solennellement à l'occasion de votre Xe Congrès, a la joie de se dire que, par son accueil fraternel, elle contribue pour une petite part à s'acquitter envers vous de la dette morale de la Patrie,

Séance du Conseil Municipal
(Décembre 1928)

RELATIONS AVEC LES DÉLÉGUÉS D'UN SYNDICAT

M. le Préfet de la Seine. — Messieurs, j'essaierai d'apporter dans cette réponse autant de calme que M. Louis Sellier a mis de véhémence dans sa question, véhémence qui ne lui est pas habituelle et dont j'ai peine à discerner les motifs.

Je ramènerai l'incident à ses proportions, qui sont toutes simples.

L'autre jour, la 1re commission, à la suite d'un débat qui était l'un des épisodes consécutifs à l'une des interventions de M. Louis Sellier, décida de procéder à une visite des usines de la C. P. D. E. Celui des membres de l'Assemblée qui, en l'absence du Président, M. Lalou, présidait la 1re commission, me fit connaître — et je le remerciai de sa communication — que M. Louis Sellier avait annoncé l'intention de se faire accompagner par son secrétaire, au cours de cette visite et il m'indiquait en même temps qu'il avait fait part à M. Louis Sellier de son étonnement d'une pratique si peu conforme aux usages.

A ce moment-là, deux attitudes s'offraient à moi. D'abord, celle qui aurait consisté à laisser aller les choses et à laisser M. Louis Sellier se heurter, à la porte de l'usine, à une consigne qui lui aurait été notifiée à la minute même où il aurait songé à y faire pénétrer son secrétaire.

Il m'apparut que, vis-à-vis d'un des membres de l'Assemblée, ce serait manquer de courtoisie que de l'exposer à cette minute désagréable. Voyez comme les projets humains se retournent quelquefois contre ceux qui sont animés des meilleures intentions ! C'est dans un sentiment de déférence envers l'Assemblée qu'il m'a paru plus normal de faire connaître ce qu'il en était à celui de ses membres qui risquait de s'exposer à un refus désobligeant. C'est ainsi qu'il m'a paru plus correct d'adopter l'autre attitude et d'avertir au préalable M. Louis Sellier.

Selon les procédés que j'ai d'ordinaire à l'égard de l'Assemblée tout entière et à l'égard de chacun de ses membres individuellement, au lieu de faire appeler M. Louis Sellier — car il importe de bien préciser ses expressions avec lui, puisqu'il a déclaré tout à l'heure vouloir s'attacher à la lettre du procès-verbal — au lieu de le faire appeler, j'ai été le trouver moi-même à son banc pendant la séance pour lui demander de vouloir bien venir avec moi dans mon cabinet.

En effet, il m'avait paru qu'une conversation dont l'importance ne m'échappait pas, se poursuivrait mieux dans le cadre de mon cabinet, que dans les couloirs. Je m'attendais de la part de M. Louis Sellier à quelque protestation et il m'avait paru plus normal, je le répète, qu'une conversation de cet ordre n'eût pas les témoins donnés par les hasards de rencontres inévitables.

Quand M. Louis Sellier m'eût accompagné dans mon cabinet, je lui fis connaître que, lorsqu'une Commission visitait une usine, elle était accompagnée par les membres de mon Administration, mais que, jusqu'à ce jour, aucun conseiller n'avait demandé à être accompagné d'un secrétaire. Je lui ai dit cela du ton le plus uni, le plus naturel, et j'ai ajouté qu'un tel usage me paraissait tout à fait raisonnable.

Je n'ai pas à me faire juge de l'état d'esprit des membres de cette Assemblée, mais j'exposai que mes représentants qui doivent toute la vérité aux conseillers municipaux pourraient peut-être, dans ce cas, se trouver gênés, si les explications qu'ils ont à donner avaient lieu devant un représentant du personnel qui ne me paraissait pas juridiquement qualifié.

Mes collaborateurs accompagnent les membres de l'Assemblée ; ils se doivent à leurs fonctions, ils doivent à tous les membres de l'Assemblée une collaboration loyale et une déférence dont je m'efforce de leur donner l'exemple.

D'ailleurs, quand M. Louis Sellier relira lui-même son discours, comme il n'y manquera pas, je l'espère (car, aujourd'hui, M. Louis Sellier semble se départir de son sang-froid habituel) il estimera peut-être qu'il a, avec une sévérité excessive, parlé de l'homme très distingué qu'est mon collaborateur M. Boutteville.

Il a dit : « M. Boutteville craindrait peut-être de se diminuer en se commettant à côté d'un simple ouvrier ».

Eh bien, pouvez-vous dire qu'il y a à l'Hôtel de Ville, depuis le Préfet jusqu'au plus modeste des piqueurs, quelqu'un dont on puisse dire avec sincérité : « Il se commet avec un ouvrier ». Non, l'expression a sûrement dépassé votre pensée sur ce point et peut-être sur certains autres.

J'ai donc fait connaître à M. Louis Sellier que, conformément à la tradition, il ne serait pas permis à son secrétaire de l'accompagner,

Je le répète, je le lui ai dit avec un calme parfait et j'ai tenu à lui donner le commentaire que je résumais tout à l'heure en disant que cette tradition je la trouvais judicieuse. Je vous affirme qu'au cours de cet entretien, personne ne se serait douté, étant donné le calme qui a régné entre M. Sellier et moi, que ceci devait aboutir à l'explosion dont vous avez été tout à l'heure les témoins.

Lorsque M. Louis Sellier eut écouté mon bref commentaire, il me dit : « Alors, c'est décidé, on nous fermera la porte au nez ? » Je répondis : « Mais non, on refusera l'entrée à votre secrétaire, mais on ne lui fermera pas brutalement la porte au nez. On lui fera connaître qu'il n'a pas qualité pour accompagner la Commission ; mais vous employez le pluriel, et vous avez tort. » Et c'est en raccompagnant M. Sellier, à travers ce beau cabinet, dont les dimensions permettent une promenade de mon bureau à la porte de sortie, que nous avons échangé ces derniers propos, sur le ton le plus calme.

J'ajoutai : « Nous sommes chacun dans notre rôle : vous dans votre rôle d'homme politique, moi dans mon rôle de magistrat parisien, gardien de la tradition. »

Je crois que ce sont à peu près les termes dont je me suis servi ; c'est, en tous les cas, l'esprit et surtout le ton du dialogue qui s'est échangé dans mon cabinet. Je n'ai pas eu l'impression que cette expression « homme politique » vous fît sursauter à ce moment.

A la réflexion, il vous est apparu que ce mot d' « homme politique » était une offense, car vous l'avez répété à satiété ; vous avez dit : « on m'a fait une offense, et j'en apporte ici la preuve ». Je vous demande donc où est l'offense ?

Est-elle dans le fait d'avoir prévenu un membre de l'Assemblée que si, dérogeant à la tradition, il persistait dans l'intention de faire une chose qui n'était pas admise, il s'exposait à un moment désagréable ? Est-ce dans le fait de l'en avoir prévenu moi-même, loyalement et posément, ou est-ce dans le fait d'avoir dit à un homme qui siège ici depuis quinze ans, dont le rôle est connu de tout le monde, qui toujours ou presque toujours, et plus que personne, est maître de sa pensée et de sa parole, à un homme qui, dans un parti politique, joue un rôle de tout premier plan, est-ce une offense de lui avoir dit : nous sommes chacun dans notre rôle, vous d'homme politique, moi de magistrat parisien ? Je me demande où est la grande offense dont vous demandez réparation devant l'Assemblée.

Messieurs, je sens que je m'échaufferais

à mon tour, si je voulais prolonger cet exposé. Je crois qu'il est suffisamment clair. Ce que j'avais surtout à cœur, c'était de protester contre le mot qui m'a, moi aussi, blessé profondément quand vous avez dit : « Ah ! pour ces beaux messieurs de l'Administration, c'est un scandale que de laisser pénétrer un ouvrier dans l'usine. » Non, je ne suis pas de ceux qui se scandalisent.

Au cours d'une longue carrière, dont vous avez relaté avec une sévérité qui est votre droit, les vicissitudes et les méandres, j'ai été en contact avec beaucoup de gens, Monsieur Louis Sellier.

Je suis de beaucoup votre aîné et j'étais déjà en relation avec le personnel ouvrier alors que vous n'étiez encore qu'un écolier. Eh bien ! partout, j'ai apporté, je le crois, un désir sincère de concorde ; nulle part, je ne me suis dérobé à des conversations qui, quelquefois pouvaient n'être pas sans péril pour quelqu'un qui, à tout le monde et même au Gouvernement, dit ce qu'il croit être la vérité. Partout j'ai essayé de jouer un rôle conciliateur qui est celui d'un magistrat de la République.

Et dans tous les cas, baissant maintenant le ton, et voulant finir comme j'ai commencé, je vous dis que ce n'est pas le scandale que je redoutais de l'entrée d'un ouvrier dans une usine aux côtés d'ingénieurs si éminents qu'ils puissent être, mais que je voulais être le gardien vigilant d'une tradition municipale.

C'était purement et simplement un exemple de correction administrative, correction dont j'essaie de donner la preuve dans tous mes actes et dans mon langage.

Séance du Conseil Municipal

(Décembre 1928)

RÉINTÉGRATIONS D'AGENTS RÉVOQUÉS

M. le Préfet de la Seine. — Messieurs, je remercie M. Copigneaux d'avoir rappelé avec cordialité que, dans des circonstances antérieures, je me suis fait avec chaleur et quelquefois avec efficacité le défenseur du désir émis par l'Assemblée dans des circonstances analogues à celles qu'il vient d'évoquer.

L'un des premiers débats qui se sont déroulés devant le Conseil général, au moment où je venais d'être investi des fonctions que j'occupe encore, m'avait permis d'apporter à l'Assemblée l'expression de sentiments qui n'ont pas varié. Ce sont les circonstances qui se sont modifiées.

Si après des séries de révocations, on a pu en faire rapporter le plus grand nombre, si nous avons, en joignant nos efforts, obtenu ces résultats importants qui avaient rempli nos cœurs de satisfaction, j'ai le devoir de rappeler que c'est dans des circonstances sensiblement différentes que sont intervenues les mesures qu'on demande aujourd'hui de rapporter.

Néanmoins, comme mes sentiments de compassion pour certaines infortunes restent toujours les mêmes, j'ai fait connaître à l'Assemblée, en juillet dernier, que je n'avais pas attendu d'être sollicité par elle pour me faire l'avocat ému des situations qui me paraissent touchantes. J'ai fait connaître à cette Assemblée qu'avant même qu'elle ne fût réunie en session, j'avais apporté les plus vives instances à demander à la Société des transports en commun de la région parisienne de se montrer aussi indulgente que possible dans les sanctions qu'elle avait cru devoir prendre dans les circonstances que je rappelle d'un mot.

Il s'agit, en ce moment, de préciser que des révocations sont intervenues à la suite du chômage du 1er mai. J'éprouve une profonde tristesse à évoquer de nouveau ces souvenirs, mais il ne faut pas que l'Assembliée ignore les circonstances particulières des faits sur lesquels on l'appelle à se prononcer. Avant le 1er mai les services et régies de la Ville de Paris ont eu soin de rappeler que, chargés d'assurer les services publics, ils se doivent avant tout à la population parisienne, mais que, d'autre part, ils tiennent compte de l'état d'esprit d'un grand nombre d'ouvriers, qui attachent une importance quasi mystique au chômage du 1er mai. Ils ont donc fait connaître, par un ordre de service que ceux qui désirent chômer le 1er mai peuvent le faire, à la condition d'en faire la demande en temps utile mais seulement dans la mesure compatible avec la marche normale des services publics, notion qui doit tout dominer en pareille matière.

A cet avis formulé par la Société des transports en commun de la région parisienne il a été répondu par une formule inadmissible « La liberté se prend, on ne la demande pas. Vous ne solliciterez aucune permission, et vous chômerez tout de même. »

J'ai dit à l'Assemblée, et je le répète avec tristesse mais avec fermeté, un langage comme celui-là est inadmissible. Dans une société organisée, quand on vient dire : « Nous avons un service à assurer, mais nous ferons tout le possible pour vous donner les facilités compatibles avec ce service », on ne peut pas admettre qu'on oppose à ce langage humain et conciliant, la réponse que je viens de résumer.

C'est dans ces conditions que des sanctions ont été prises. Je suis intervenu avant même la réunion de l'Assemblée, pour que le nombre en fut aussi limité que possible. Je déclare au Conseil qu'il me paraissait difficile d'aller au delà. Ceci dit, vous devez comprendre qu'après l'effort que j'ai fait, je n'ai guère confiance dans l'efficacité de démarches nouvelles. Néanmoins, j'ai trop de déférence pour l'Assemblée pour ne pas me faire l'interprète du désir qu'elle pourrait m'exprimer ; mais vous voyez avec quel sentiment j'engagerai ces négociations.

Séance du Conseil Municipal

(31 décembre 1928)

RÉSOLUTION RELATIVE A LA REMISE D'UN DRAPEAU PAR LA VILLE DE PARIS A LA VILLE DE VERDUN

Monsieur le Préfet de la Seine. — Messieurs, on ne comprendrait pas que, dans un débat de cette nature, celui qui a l'honneur de représenter ici le Gouvernement de la République restât silencieux. Il est des mots qu'il suffit de prononcer sur la surface entière du globe pour éveiller dans toutes les âmes un retentissement profond, et souvent pour faire se mouiller tous les yeux. Verdun est un de ces noms émouvants. Voilà pourquoi on a peine à concevoir que, dans une Assemblée française, il ne se fasse pas l'unanimité lorsqu'il s'agit de faire communier Paris et Verdun dans le souvenir, dans la douleur et dans la gloire.

RÉCEPTION EN L'HONNEUR DES MAIRES, MAIRES ADJOINTS DES ARRONDISSEMENTS DE PARIS ET DES ADMINISTRATEURS DES BUREAUX DE BIENFAISANCE

(12 *janvier* 1929)

Monsieur le Président de la République,

La famille municipale au complet vous offre l'hommage respectueux de Paris et vous remercie du nouveau témoignage de sympathie que vous lui donnez.

Puisque j'ai le double honneur, d'une part, de représenter le Gouvernement de la République au sein de l'Assemblée qui siège à l'Hôtel de Ville et, d'autre part, de coordonner l'action vigilante des magistrats municipaux, qui s'exerce dans les mairies des vingt arrondissements, il m'est très doux de participer à cette fête qui consacre la bonne harmonie des élus de la Grande Cité et des citoyens dévoués qui tiennent de vous, Monsieur le Président, leur investiture.

Dans l'œuvre immense que comporte l'administration de la Ville, tous rivalisent de zèle, d'ingéniosité, de labeur et je puis dire sans être accusé d'hyperbole, de tendresse pour la Cité-mère, comme disait Victor Hugo, et que nous aimons tous d'un amour filial.

Chacun la sert à sa façon : les débats parfois retentissants de l'Assemblée affirment le généreux idéalisme d'une population toujours passionnée pour les grandes causes, — et ce soir, nous voulons particulièrement honorer le travail silencieux, discret, fécond qui s'accomplit dans les mairies. Nous ne dirons jamais assez quelle est notre affectueuse gratitude pour ces hommes d'expérience, de bon sens, choisis parmi toutes les élites, qui veulent bien nous apporter le concours de leur talent, de leur savoir et de leur autorité morale.

Leur œuvre de prédilection c'est l'effort persévérant qui tend à alléger les souffrances et les privations d'un trop grand nombre de nos concitoyens, spectacle rendu plus douloureux encore par le voisinage de tant de luxe et de splendeur. Aussi avons-nous tenu à réunir dans le même hommage, Messieurs les Maires et Adjoints et leurs précieux collaborateurs les Membres des Commissions des bureaux de bienfaisance.

A tous sans distinction, à tous ces hommes et à toutes ces femmes de grand cœur qui, par pur dévouement au bien public, consacrent à une tâche lourde et parfois ingrate les rares heures de loisir que leur laissent leurs devoirs et leurs soucis personnels, nous apportons le témoignage de notre reconnaissance et de notre respect.

Nous sommes très fiers que cet hommage leur soit décerné en votre présence, Monsieur le Président de la République, et en présence des éminentes personnalités qui ont bien voulu se joindre à vous. Une telle assistance rehausse la solennité de cet hommage, et, me permettrez-vous de l'ajouter, votre aménité lui maintient le caractère affectueux qui convient à une fête de famille.

Inauguration de la plaque apposée sur l'immeuble 9, quai d'Anjou, en l'honneur d'Honoré Daumier

(11 *février* 1929)

Une fois encore, Daumier — l'ombre de Daumier — a descendu les cinq étages de la maison au charme archaïque où s'écoulèrent dix-sept années particulièrement fécondes de sa vie difficile, pour venir, en voisin, dans ce beau logis (1), entré tout récemment dans le patrimoine de la Ville qui est si heureuse d'y recevoir tant d'hôtes éminents. Dans ces temps héroïques, Daumier retrouvait ici toute une académie, que dis-je, tout un institut artistique et littéraire, le groupe si varié de l'Hôtel Pimodan, comme on disait alors, dont les habitants ou les familiers étaient Théophile Gautier, Théodore de Banville, Daubigny, Baudelaire, Corot, Jules Dupré et tant d'autres.

Une planche de Daumier, les *Fumeurs de*

______

(1) A l'Hôtel Lauzun.

hadchiss, nous rappelle, hélas, les traits du grand et malheureux Baudelaire. Ces amateurs de paradis artificiels devaient sourire avec indulgence à sa pipe débonnaire, mais les romantiques les plus échevelés ne marchandaient pas leur admiration à tant de scènes de la vie bourgeoise où triomphait la verve à la fois réaliste et épique de leur voisin modeste et génial.

En revenant ici à l'occasion de ce glorieux anniversaire, l'ombre de Daumier ne se trouve pas dépaysée puisqu'elle y retrouve une phalange d'artistes dont beaucoup sont de sa lignée spirituelle et à la tête desquels il saluerait d'un sourire fraternel l'artiste illustre dont la main a dessiné maintes pages qui, pour le scandale — ou la joie — de l'austère Clio, sont comme les illustrations inévitables du Livre de l'Histoire de plus d'une période de notre vie nationale. Auguste Préault, encore une des piliers de l'Hôtel Pimodan, plus célèbre par ses « mots » que par sa sculpture, aurait été tenté de dire que pour Daumier comme pour Forain ces illustrations sont montées sur des « onglets » dont la griffe est parfois singulièrement aiguë.

Si j'avais eu l'ambition d'esquisser une étude de l'œuvre de Daumier, je n'aurais pas manqué de faire appel à l'érudition de mon distingué collaborateur Raymond Escholier dont l'ouvrage magistral fait autorité en la matière et qui, coïncidence heureuse, va veiller administrativement sur l'hôtel Lauzun. Mais je n'aurai point l'audace de m'aventurer sur un pareil terrain surtout en présence des Maîtres devant qui je parle.

Magistrat parisien je voudrais seulement dire les raisons particulières que le peuple de Paris a de garder à Daumier un souvenir fidèle et une admiration fervente. Il a su traduire dans une forme spirituelle ou tragique quelques-uns des sentiments simples et puissants qui ont à certaines heures empli de joie ou de colère le cœur émotif des Parisiens. Si lointains que soient les souvenirs qu'ils évoquent il est certain noms, certaines dates qui gardent un retentissement profond dans l'âme populaire. Quand un artiste par une sorte de vibration harmonique s'est trouvé à l'unisson du sentiment public, l'œuvre qu'il a conçue dans ces instants d'enthousiasme collectif est ainsi incorporée à ce qu'il y a de plus idéaliste dans le cœur des foules. C'est là l'un des éléments de la popularité de Béranger et de Victor Hugo.

Daumier lui aussi dans son amour violent, farouche de la liberté — toutes les imprimeries devraient avoir affichée une reproduction de sa lithographie : « Ne vous y frottez pas ! » — a été secoué par une ironie vengeresse ou par une colère fulgurante. Son amour des humbles qu'il trouvait, de son temps, insuffisamment défendus par les pouvoirs établis, lui a inspiré sur les gens de justice des jugements sévères et qui ne sont heureusement pas sans appel ; son culte pour la démocratie ne pouvait admettre une Chambre censitaire, d'où la série du *Ventre législatif* qu'il a traité, il faut en convenir, avec une extrême familiarité.

Ce serait une étude amusante de rechercher dans les chansons de Béranger quels couplets pourraient venir s'inscrire tout naturellement sous certains de ces dessins.

Mais c'est un rapprochement tragique et inévitable qui fait chanter dans nos mémoires certains vers des Châtiments : *Souvenir de la nuit du quatre* quand nous regardons, le cœur serré, la lithographie célèbre de la *rue Transnonain*.

En visitant l'atelier de Daumier dont les honneurs nous étaient faits avec tant de bonne grâce par M. Regerault, l'artiste délicat qui par tradition orale conserve tant de précieux souvenirs sur la vieillesse de Daumier, nous fûmes admis dans l'étroit réduit perdu en plein ciel et d'où l'on découvre un panorama magnifique. Et dans cette cellule propice à la méditation de l'artiste je songeais au *look out* de la maison de Guernesey d'où le proscrit par-dessus les flots blanchissant les écueils regardait obstinément vers la France. Les rêveries de Daumier étaient moins émouvantes ; et cependant, embrassant d'un coup d'œil circulaire tout ce grand Paris à ses pieds c'était aussi un océan qu'il dominait — et tous les deux d'un regard nostalgique cherchaient à l'horizon le fantôme de la Liberté.

REMERCIEMENT LE JOUR DE LA REMISE
DES MÉDAILLES DE LA VILLE DE PARIS
ET DU DÉPARTEMENT DE LA SEINE

(9 *mars* 1929)

Messieurs,

Chacun comprendra l'émotion profonde que j'éprouve en ce moment : aussi plus que jamais je bénis notre tradition municipale qui permet entre les mains de l'orateur ce papier tutélaire.

A cette heure d'adieux je retrouve au fond de mon cœur reconnaissant et fidèle le souvenir de cette minute, dont rien n'effacera l'éblouissement, où j'appris que le Gouvernement de la République m'avait inopinément désigné pour ce poste magnifique.

Je songe à toutes les cérémonies qui se sont déroulées dans cet Hôtel de Ville et auxquelles j'ai eu la fierté de participer pendant plus de trois ans.

J'évoque tant de séances du Conseil Municipal et du Conseil Général au cours desquelles je vous ai apporté une collaboration passionnée pour notre œuvre commune et je ne saurais oublier l'accord si complet, si affectueux, qui n'a cessé de régner entre les deux Préfectures, grâce à mes amis Morain et Chiappe.

Merci, mon cher Chiappe, de votre beau et affectueux discours.

Si je voulais payer toutes mes dettes de gratitude, je devrais saluer une fois de plus l'admirable équipe des travailleurs de l'Hôtel de Ville dont je fus si fier d'être le chef ; je devrais rappeler le charme des conversations que je me plaisais à prolonger dans ce cabinet d'une splendeur légendaire chaque fois que les Conseillers me faisaient l'honneur de venir causer avec moi ; et la sympathie qu'ils me manifestaient individuellement se traduisit parfois par des témoignages collectifs de la bienveillance des Assemblées. La remise de ces médailles et les paroles si cordiales et infiniment trop élogieuses prononcées par les deux Présidents, MM. Lemarchand et Fleurot, y ajoutent aujourd'hui un couronnement éclatant.

Mais dans l'accomplissement de ma tâche, pas un jour je n'ai perdu de vue que l'âge auquel j'étais arrivé ici devait y limiter la durée de mon séjour et je n'ai laissé à personne le soin de me donner le conseil de

Racan à Tircis sur le temps de « faire la retraite ».

Ces stances célèbres constituent sous la forme la plus aimable ce qu'on pourrait appeler les Commandements du retraité. Il en est un, cependant, auquel je ne me conformerai certainement pas. Racan traçant à Tircis un programme de repos un peu désabusé ajoute :

> Il ne s'informe pas de ce qu'on délibère
> Dans ces graves Conseils, d'affaires accablés.

Tout au contraire, Messieurs, je continuerai à suivre attentivement vos travaux. Instinctivement en ouvrant les journaux, je consulterai d'abord la rubrique municipale, heureux de retrouver le tour d'esprit particulier de chacun de nos historiographes qui me furent si indulgents et dont le Président, M. Willème, m'adressait tout à l'heure un salut si spirituel et si gracieux. Le *Bulletin Municipal* m'apportera l'écho de vos séances dont mon expérience me permettra d'évoquer la physionomie toujours si animée. Et, dans ma retraite silencieuse, je me réjouirai de tout ce que vous ferez pour la grandeur et la beauté de Paris, pour le développement méthodique de cette région privilégiée mais un peu victime de sa gloire, vers laquelle convergent la pensée et le désir du monde entier ; et nul plus que moi, mon cher Collègue et Ami, vous à qui sont permis les longs espoirs et les vastes pensers, n'applaudira joyeusement aux succès que, grâce à votre talent, votre savoir et votre caractère, vous réserve une carrière commencée sous d'aussi heureux auspices.

APRES L'HOTEL DE VILLE

La charge que j'occupe est un beau vêtement ;
J'ai porté de mon mieux cette noble parure
Prêt à la déposer, je crois, sans déchirure,
    Mais pour sûr sans déchirement.

TABLE DES MATIERES

———